U0691532

公共图书馆
管理制度建设与实践

岳梦宇　著

九州出版社

图书在版编目（ＣＩＰ）数据

公共图书馆管理制度建设与实践 ／ 岳梦宇著. -- 北京 ：九州出版社，2022.9
ISBN 978-7-5225-1197-9

Ⅰ．①公… Ⅱ．①岳… Ⅲ．①公共图书馆－图书馆管理－研究 Ⅳ．①G258.2

中国版本图书馆CIP数据核字(2022)第181394号

公共图书馆管理制度建设与实践

作　　者	岳梦宇　著
责任编辑	姬登杰
出版发行	九州出版社
地　　址	北京市西城区阜外大街甲35号（100037）
发行电话	（010）68992190/3/5/6
网　　址	www.jiuzhoupress.com
印　　刷	河北赛文印刷有限公司
开　　本	710毫米×1000毫米　　16开
印　　张	16
字　　数	220千字
版　　次	2024年1月第1版
印　　次	2024年1月第1次印刷
书　　号	ISBN 978-7-5225-1197-9
定　　价	78.00元

★ 版权所有　侵权必究 ★

前　　言

作为社会主义公共文化服务体系的重要组成部分和全民阅读的重要阵地，我国公共图书馆充分发挥社会知识中介的职能，在服务全民阅读、建设书香社会中扮演了不可替代的角色。

2018年1月1日实施的《中华人民共和国公共图书馆法》第十五条规定，设立公共图书馆应当具备下列条件：章程；固定的馆址；与其功能相适应的馆舍面积、阅览座席、文献信息和设施设备；与其功能、馆藏规模等相适应的工作人员；必要的办馆资金和稳定的运行经费来源；安全保障设施、制度及应急预案。第十六条规定："公共图书馆章程应当包括名称、馆址、办馆宗旨、业务范围、管理制度及有关规则、终止程序和剩余财产的处理方案等事项。"

以上规定，对公共图书馆的建馆条件有了明确规定，尤其强调了公共图书馆的章程，其中两处提到了"制度"的内容，可见，公共图书馆的制度建设与管理，在公共图书馆工作中占有重要地位。本著着重从公共图书馆管理制度建设的理论与实践入手，从公共图书馆制度建设、公共图书馆管理原理、公共图书馆计划管理、公共图书馆岗位责任制和目标管理、公共图书馆人力资源管理、公共图书馆服务管理、公共图书馆经费管理、公共图书馆安全管理等方面加以论述，最后，以中外图书馆的制度建设和图书馆服务为例，向读者推介了图书馆人在履行公共图书馆工作中做的工作，供大家研究和参考。

本著在编写过程中，参阅了较多的论著、论文，在此，向所有为本著作出贡献的作者朋友表示诚挚的谢意。书中疏漏及不当之处，也诚请读者朋友批评指正。

目　录

第一章　公共图书馆制度建设

图书馆是人类知识财富的聚集地，是人们获取知识、学习交流的神圣之地，它是社会发展到一定历史阶段的产物，在人们的生产生活中发挥着巨大的智力支持作用。在我国，图书馆已有几千年的历史，古代的藏书楼在典籍的保存、文化的传播方面作出了巨大贡献，到了近现代，图书馆在传承文明和推动社会进步方面的作用更是明显。

第一节　公共图书馆的概念和定位

公共图书馆，是随着社会的进步而产生的，是人类物质和精神文明进步的明显标志。它有着明确的概念和定位。

一、公共图书馆的概念

国际图联/联合国教科文组织《公共图书馆服务发展指南》一书说："公共图书馆是由社区，如地方、地区或国家政府，或者一些其他社区组织支持和资助的机构，它通过提供一系列资源和服务来满足人们对知识、信息和形象思维作品的需求，社区所有成员都有享受服务的权利，而不受种族、国籍、年龄、性别、宗教信仰、语言、能力、经济和就业状况或教育程度的限制。"①
综上，公共图书馆具有以下特点：

1. 公共图书馆是国家的一种制度安排

公共图书馆是国家为满足公民的基本生存权利和发展权利，以及自由平等权利提供的福利产品，它为人的生存提供知识的保障和智力支持，从而保证了人们更好的生存权利。从发展权利讲，它为人们提供了接受教育的权利，满足公民自我发展的需要。

2. 公共图书馆是国家提供的公共产品

公共图书馆是由公共资金所支持，以同等条件向社会成员开放，不受职业、信仰、阶层或种族的限制，体现了社会的公平和正义。

二、公共图书馆的定位

作为拥有保存人类文化遗产、传递科学情报、开展社会教育、开发智力资源职能的公共图书馆，首先要明确自己的定位，有了清晰的定位，才能有明确的发展方向。

1. 角色定位

公共图书馆是一个国家或地区公共文化服务体系的重要组成部分，是一个国家或地区文献信息资源中心，是人们获取知识信息或文化的重要场所。

2. 目标定位

公共图书馆要充分利用现代信息技术，构建文献信息资源共建共享体系，搭建信息化网络传播平台，提供全民族素质，促进社会发展。

3. 服务定位

公共图书馆要坚持以人为本的服务理念，主动服务，提高服务质量。应考虑到社会各类人群的特点和状况，为特殊人群，如儿童、老年人、残疾人

---

① 菲利普吉尔领导的工作小组代表公共图书馆专业委员会. 公共图书馆服务发展指南 [M]. 林祖藻，译. 上海：上海科学技术文献出版社，2022.

等在设备上、环境上，提供支持以及特殊的服务，组织丰富多彩的读书活动以及各类讲座，活跃读书气氛，开展学术交流，激发全民阅读热情。

4. 馆藏定位

由于经费、书籍、人员等各种因素的限制，一般公共图书馆很难做到各类资源平衡建设，而计算机技术、多媒体技术、网络通信技术的高速发展，对公共图书馆未来的发展前景和发展方向产生了很大影响，当然，也包括对公共图书馆馆藏的影响。大多数公共图书馆都面对如何确定传统印刷型文献、电子文献资源和虚拟网络资源合理配比、均衡发展问题。因此，公共图书馆在馆藏发展上要坚持特色化与实用性相结合，要根据地区经济、文化发展需要，重点建设特色馆藏资源。

5. 管理定位

公共图书馆管理内容包括公共图书馆工作的各个环节，主要涉及人、财、物等。据调查，不少公共图书馆在资源建设、人员队伍、服务项目等方面均存在诸多问题。因此，公共图书馆应该加强常规管理。

（1）人才是公共图书馆最重要的资源和财富，公共图书馆应加强人才管理，留住人才，提高公共图书馆整体服务水平。

（2）公共图书馆要加强资源建设，合理地构建资源结构，以实现公共图书馆服务地区经济、文化社会发展的需要。

（3）为了能够持续发展，公共图书馆应据自身情况，制定安全管理体系，并将安全管理纳入公共图书馆的常规管理。

第二节　公共图书馆学科馆员制度建设

公共图书馆学科馆员制度，是为顺应信息时代读者需求，深化服务层次做出的安排，它对图书馆管理者和馆员提出新的挑战。公共图书馆应直面挑

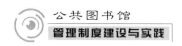

战，迎难而上，努力探索，为公共图书馆事业的发展勇闯新路。

一、公共图书馆推行学科馆员制度的必要性

1. 推行学科馆员制度的原因

（1）图书馆事业发展的必然趋势

图书馆要拓展服务范围，深化服务层次，顺应网络化、数字化信息环境下的读者信息服务需求，就必须推行图书馆学科馆员制度，这是以人为本的服务理念的体现。

（2）信息社会化和信息利用率的要求

传统的普通馆员在掌握公共图书馆基本知识的基础上，难以准确迅速地捕捉对所服务对象的信息需求。而社会各团体由于对信息的敏感度弱和信息技术知识的短板，很容易进入信息盲区，错失大量"黄金信息"。同时，大量的专业信息资源处于闲置浪费的状态，造成"双项损失"。推行学科馆员制度，使信息为人所用，力尽其用，可以更好地促进信息社会化和信息的利用率。

2. 推行学科馆员制度的利益

（1）促进社会经济发展

当今信息化社会中信息数量激增，且质量参差不齐，在广阔的信息海洋中，快速、准确地掌握有利信息则成为各个领域在竞争中占据优势地位的必需。学科馆员提供的专业性信息服务，能使各行业及时掌握前瞻性信息，积极把握机遇，带动行业进步，促进社会发展。

（2）有利于信息资源建设

随着学科馆员在行业发展过程中的推动作用日益显著，企业、社会团体将逐渐认识到专业信息的及时准确提供能给他们带来巨大利益，从而重视公共图书馆的发展，提供资金或者捐赠物资，支持公共图书馆的资源建设。学科馆员制度的不断完善，必将与社会团体形成一个良好的循环模式，实现双赢，从而促进信息资源建设。

二、公共图书馆推行学科馆员制度面临的挑战

1．学科馆员队伍建设任重道远

学科馆员制度是高层次、知识型的服务制度。学科馆员必须具有较高的专业素质和个人素质。这就要求公共图书馆广招贤才，吸纳专业精英，定期培训，采取相关政策留住人才，壮大学科馆员队伍。

（1）专业要求

学科馆员要具有相当高的专业水平，紧跟专业发展步伐，捕捉专业前沿动向信息，促进领域发展。计算机技术的广泛应用，使公共图书馆从技术手段到结构模式都产生了深刻的变化，信息技术对公共图书馆事业的影响也不断加深。学科馆员要努力成为网络专家和网络资源导航员，能综合利用最新的信息采集、组织与检索技术。

（2）个人素质

学科馆员代表着公共图书馆的形象，所以对学科馆员个人素质也有较高要求。学科馆员服务的读者不是各种形态的信息，而是有主观意识的个体。学科馆员要语言得体，具有较强沟通交流能力的馆员能够在较短时间内进行更加有效的交流。学科馆员的工作需要和读者长期的沟通，要保持有效互动，获得读者的信任，要具有较强的耐性和乐观积极的态度。学科馆员之间要有团队合作能力，在遇到相关领域问题时，馆员们要相互切磋交流，为服务对象提供全方位的信息服务。

公共图书馆事业快速发展，不断有新技术的引进和信息资源的更新，要求学科馆员积极学习，敢于创新，拓宽眼界，丰富自身知识，具有浓厚的政治触觉，把握多层次全方位的信息动向。馆员要定期接受培训，不断接收新知识，保持思想的先进性。

2．对学科馆员制度认识不足

读者对公共图书馆的认识大多还停留在借书还书的传统层面，没有意识到"印象公共图书馆"由文献管理到用户服务的工作重心的转变。现阶段公共

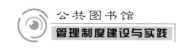

图书馆正在积极转型，力求建立以用户为中心，以服务为中心，馆员走出公共图书馆、深入用户的新型公共图书馆工作模式。

学科馆员制度在公共图书馆本身没有得到普遍执行，故社会领域对学科馆员制度的认识和接受还需要一段过程。

三、公共图书馆推行学科馆员制度的建议

公共图书馆充分发挥学科馆员制度的优势，在推行过程中要做到以下几点。

1. 增强主动性

就公共图书馆供需而言，存在着这样一些问题，一方面，社会群体对于公共图书馆的应用意识薄弱，当出现信息需求时，也很少主动寻求服务；另一方面，社会对学科馆员制度的认识不足，认识不到其优势。学科馆员制度要想在公共图书馆领域顺利施行，就必须加强宣传力度，创新宣传方法，积极主动地服务，使社会各个领域了解信息咨询服务的先进性和重要性；主动积极耐心地与服务对象建立良好的合作交流关系，营造良好合作氛围，充分获得服务对象信任，为其提供高质量的信息服务。

2. 重视弱势群体

公共图书馆在为不同领域提供信息服务时，不应该忽视弱势群体。只有解决信息弱势群体的信息匮乏状态，才能进一步增强公共图书馆的影响力，促进社会公平。在加大开放力度的同时，公共图书馆也应该重视对弱势群体的主动信息服务。如对残疾人特殊服务，为农民提供农业信息，帮助退休社区老人组织学习等。

3. 关注服务对象的培训

学科馆员不能立足于代替服务对象查阅信息，也不能一味替代用户对信息进行判断取舍，而应该立足于教会服务对象查阅文献和阅读分析的能力。让服务对象自己掌握信息搜寻能力，信息搜集筛选技巧，这样，能大大减轻

学科馆员工作量。随着数字公共图书馆概念的影响，掌握一定的信息计算技术必不可缺。公共图书馆应当面向社会举行相关培训会，如电子资源培训、开展相关专家讲座等。

4. 认真考评学科馆员

学科馆员从事的是一项具有开拓性的信息服务工作，公共图书馆管理者要积极纳入高水平学科馆员，持续培养，树立学科馆员良好形象。制定相关管理措施，使馆员保持对公共图书馆事业持续的热情。要明确学科馆员的权利、义务和责任，学科馆员的考评机制可以用户的评价为评价指标，包括与用户联系的频率、所提供的信息服务是否及时准确全面、用户对学科馆员业务素质的综合评价等。在内因和外因的双重激励下，带动学科馆员的工作，促进公共图书馆事业的发展。

第二章　公共图书馆管理原理

公共图书馆管理，要从一切为读者服务的角度出发，以人为本，彻底消除旧的不合理的弊端，协调好人际关系，管理好人财物，提高公共图书馆的整体服务水平。

第一节　公共图书馆管理的概念与意义

管理是随着人类社会的进步而出现的，它是劳动分工和社会化大生产的必然产物，随着生产力的发展而发展。人类经过长时间的生产实践证明，通过科学的专业分工，可以提高员工的工作熟练程度，并使流程之间加强协调和配合，使工作效率得到提高，这就是产生管理的根源。

管理是在一定的环境条件下，对组织所拥有的人力、物力和财力等各项资源加以规划、组织、领导、控制和协调，从而有效地实现目标的过程。管理重在实践、重在效果，管理是理论与实践相结合的活动，有其规律可循。

作为非营利组织的公共图书馆，表面看来没有财务的底线，但实际上却受到资源的限制，公共资金、专业人才、土地、馆舍等的稀缺，都影响着公共图书馆只能调动有限的资源，提供有限的服务。公共图书馆资源供给上的有限与用户对公共图书馆服务需求的相对无限，使公共图书馆必须考虑资源的组织与优化，考虑服务成本与效益之间的关系。

另外，公共图书馆提供的是机构化、专业化的服务，它不仅需要馆舍、设施设备和文献资料等硬件，也需要专业人员运用专业知识和技能在科学的工作流程下加以专业设计、分工合作。部门和人员之间的协调、流程之间的配合，以及服务效益的提高，都需要科学的管理。

一、公共图书馆管理的概念

公共图书馆管理的概念，包括宏观和微观两个方面，宏观的方面主要指国家或政府为保障人民群众平等利用公共图书馆服务的权益，通过颁布法律或法规建立公共图书馆制度，确定建设主体、管理单元，制定建设、服务、评估等标准体系并组织实施的过程。微观方面，指公共图书馆管理者对公共图书馆的人力、物力和财力等资源进行计划、组织、领导、控制和协调，在保障人民群众享用普遍均等公共服务的同时，使服务成本降到最低程度。

二、公共图书馆管理的意义

公共图书馆实行科学管理，是社会分工与合作的必然要求，是组织发挥公共图书馆整体效益的客观要求，是科学技术发展的实际要求。

新时代，公共图书馆管理具有以下几个方面的意义：

1. 有利于提供规范和专业的公共图书馆服务。公共图书馆提供的是专业化、机构化的服务，需要管理好人、财、物，特别是专业人才的管理，要费较大的工夫。

2. 有利于现代信息资源的组织和利用。图书馆一直利用人类的文明成果开展文献信息资源的组织、加工和服务，科技的发展使图书馆运行模式、服务手段等都发生了变化，只有运用管理的方法，才能跟上时代的发展。

3. 有利于构建全覆盖的公共图书馆服务体系。覆盖全国的公共图书馆服务体系，由许多地区的公共图书馆服务体系组成，规模巨大，管理复杂，因

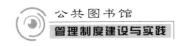

此，公共图书馆的管理不仅是针对单个图书馆，而且是要针对整个图书馆系统。

4. 有利于实现经济高效和可持续的发展。公共图书馆随着大众阅读的发展，其服务的成本也越来越大，如何用好有限的公共资源给读者提供有效的服务，从经费管理的角度，也成为公共图书馆管理的重要内容。

三、公共图书馆管理的特点

1. 理念与实践相统一

公共图书馆的管理，作为管理的一种，要以管理理论为指导，但它也有自身特定的使命。因此，公共图书馆的管理除应符合管理的普遍规律外，还要符合自身的理念，为大众提供服务，这就要求公共图书馆必须按照《中华人民共和国公共图书馆法》及一系列关于公共图书馆管理的政策制度行事。

2. 公共与效率相统一

公共图书馆的使命之一是实现社会信息公平，但在支撑和保障服务开展的过程中，也要讲究效率。客观上，还有一些待解决的问题，如资源的稀缺就决定了缺乏效率就难以实现信息的公平。因此，公共图书馆管理，就要在公平和效率两者之间寻求最佳结合点、平衡点，降低服务成本，提高服务效率。

3. 传统与现代相统一

公共图书馆既对读者提供传统的纸质文献借阅服务，同时又大量使用科技手段开展各种信息服务。服务对象的复杂和服务内容的多样化，对图书馆管理提出新的挑战，这就要求公共图书馆创新管理机制和管理理论，切实提高本身的管理水平。

4. 宏观和微观相统一

我国公共图书馆建设正处于覆盖全社会的服务体系的转型期。公共图书馆管理者既面对着单个的图书馆，又面对着总分馆、区域性服务网等服务体系，这就需要公共图书馆管理者积极探索、加强管理，保障公共图书馆普遍均等服务目标的实现。

第二节 公共图书馆管理的一般原理

公共图书馆管理，要借助系统论。系统论是管理哲学的一个支撑点，把公共图书馆管理活动纳入系统分析的理念和方法体系，可以使我们更加完整、全面、深刻地认识和把握公共图书馆管理现象以及现象之间的联系。

一、公共图书馆管理的原则

应用系统原理，公共图书馆管理应遵循以下原则：

1. 整分合原则

公共图书馆是由各个要素按照一定的方式构建的系统，各个要素之间相互协调、配置得当、分工明确、职责分明，是整个系统运行的基本保障。因此，需要按照整分合原则，凡事都要以整体化为出发点，据此对管理系统的各个要素或部门进行合理的分工，进而形成一个综合有序的管理系统。

2. 相对封闭原则

根据公共图书馆管理系统动态、开放的性质，公共图书馆管理必须遵行相对封闭的原则。即通过对管理系统的某些环节、要素、手段或运行机制等采取特定的方法和措施，以形成具有组织、自适应和自循环功能的封闭线路，进而实现管理系统的自我调节并使之良性运行。

3. 应用反馈原则

应用反馈原则，要求公共图书馆各级管理者在处理各类问题时，应该做到：一要有信息反馈意识，在没有获取足够反馈信息时不能盲目采取行动；

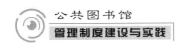

二是要有接受信息的能力，应该主动地利用管理信息系统去收集信息；三是要有对信息鉴别和驾驭能力，要能够判定哪些信息是有用的，哪些信息是无用的，并进一步作出相应的对策。

4. 弹性原则

根据弹性原则，公共图书馆管理者要对管理的现实条件及未来的可变因素，有充分的了解和科学的预测，并在决策及其计划中留有余地，以保证在一定程度上调整或修正管理决策及其他管理措施或行为的可能性。

二、公共图书馆管理的原理

在公共图书馆管理活动中存在着大量的结构关系，如上下级之间、馆内各个部室之间的关系等。充分认识客观评价这些结构关系，特别是如果能够准确掌握和利用这些结构关系所产生的功能效果，就能够在管理活动中掌握主动权。

1. 结构原理

应用结构原理，在具体的管理实践中应该把握以下原则：

（1）职能等级原则

公共图书馆管理系统的各个要素是依据一定规则构建的、具有不同层次和序列的结构组合，这个系统形成由高到低、职能各异、权责不同的职能等级结构序列。根据这项原则，管理者在配置各种资源时，就能依照职能等级的不同，赋予适当的职权、职责，以及相应的管理要素。

（2）功能原则

公共图书馆组织机构的确定或调整，不是单纯以整齐划一为准则。而应该根据本馆的实际情况、需要与可能，来确定设置与否。

（3）优化组合原则

公共图书馆管理应用优化组合原则，必须从点、经、线、面的优化入手，进而实现适当的职权职责，使不同的职位或岗位在管理系统中处于最佳状态。

线优化，指点与点相连接的优化组合。比如馆长与部门主管、部门主管与下属人员、部门内各工作人员之间的联系方式、职权分层、馆长分工等方面选择最佳的组合方式，就是线组合的典型的例子。面组合是线组合的进一步发展，具体表现为特定的工作小组或部门。在由点到面、再由面到系统整体的优化组合过程中，人、财、物、信息、环境和方法手段等要素得到合理、优化的配置。

（4）互补原则

每个馆的馆员知识结构、专业技能、馆藏文献和服务手段都存在差异，公共图书馆管理系统应该使各个要素相互补充、扬长避短，从而促进整体的优化，推进管理目标的实现。

2. 人本原理

在管理实践中，贯彻人本原理应遵循以下原则：

（1）读者第一原则

公共图书馆作为面向公众的非营利机构，目的是为广大读者提供无偿服务，这是社会公平正义的体现，对提高全民素质和推进社会发展有着十分重大的意义。因此，公共图书馆承担着重要的使命，一定要以读者为中心，把满足读者的需求放在首位。

（2）民主原则

民主原则充分体现了尊重、信任、关心和爱护馆员的思想。管理者通过为每个馆员提供和创造参与管理的机会和可能，并在管理中吸收他们的意见和建议，就能形成良好的组织环境。

（3）个性原则

根据每个人个性的长处因势利导、取长补短，合理安排他们的工作，使其发挥个性优势。

（4）激励原则

根据馆员的实际需求和表现，运用一定的方法和手段满足需求，以激励他们努力工作。公共图书馆管理实践主要应用物质动力和精神动力。应用激

13

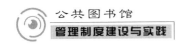

励原则要注意三个方面：一是激励的强度要适宜；二是几种激励措施的配置比例要适度；三是应该认识到任何一种激励措施，都应该包括奖励和惩罚两个方面。

3. 效益原理

公共图书馆管理体现效益原理，就是以社会效益为主、兼顾社会效益与经济效益的统一，以此作为制定各项方针政策、措施办法的基点和依据。由于公共图书馆所产生的效益具有潜在性、间接性和滞后性的特点，所以公共图书馆功能的计算和确定难度很大，特别是管理行为的投入及效益的计算难度更大。因此，人为主观判定的成分还是比较大的，逐步提高量化水平，是公共图书馆管理理论研究和实践活动努力的方向。

第三节　我国公共图书馆管理存在的问题

要使公共图书馆除去落后的因素，融入积极的动力，就必须敢于摆出问题，勇于革除弊端。当前，我国公共图书馆管理当中存在四个方面的问题。

一、管理观念落后

传统的公共图书馆管理重点在于馆藏内容管理，倾向于"书本位"思想以及"重藏轻用"的思想。最突出的表现在于，传统公共图书馆设定的规章制度大部分针对读者，其严格细致的规定不利于读者充分利用公共图书馆的资源。同时，大部分公共图书馆未根据读者的需求进行报刊的订购，对于社会信息需求的变化不敏感。评估考核公共图书馆只注重图书的摆放是否整齐、图书的总数量达到多少等，未重视图书的利用率和利用情况等实用指标。管理观念的落后导致"重业务、轻管理，重视制度创新、忽视管理创新"的问题十分严重，不利于公共图书馆朝着现代化、高服务水平的全面发展。

二、管理体制有待更新

管理体制的欠缺严重制约了公共图书馆事业的快速发展，导致各公共图书馆在各自的系统管理下缺乏科学体系规划的发展，没有宏观规划对各公共图书馆的资源进行合理配置，造成文献资源建设存在大量的重复与浪费现象，不利于形成高效的发展机制。

三、财政体制不利于公共图书馆的进一步发展

公共图书馆属于公益性单位，财政支持是其收入的主要来源。对于公共图书馆的财政投入主要应用于人力费用上，用于购置图书以及开展其他文化活动的经费则很少，这种财政体制状况对于公共图书馆的健康快速发展造成阻碍。相比于其他发达国家，我国公共图书馆的经费来源渠道单一、金额较少，规范化有待提高。

四、组织机构办事效率不高

公共图书馆内分工趋于精细化，要求对部门设置进行完善，各项业务流程被人为地分解在各部门当中。这样一来，传统的根据文献管理为主线的部门划分方法，已经不能适用于现代公共图书馆的发展，因为每一项工作都需要各个部门进行积极配合。另外，传统的组织结构会让馆员在获得相应工作技能后，产生重复工作的厌倦感和单调感，进而影响到工作的效率与质量。

此外，政策落实不到位，一些公共图书馆馆员的素质较低，服务有待改进，设施设备落后等，都是我国公共图书馆亟待解决的问题。

公共图书馆规范化管理是公共图书馆管理工作发展到一定程度的产物，

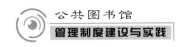

也是公共图书馆管理的高级形式。随着公共图书馆事业的快速发展和构建和谐公共图书馆的需要，对公共图书馆实行规范化管理就成为越来越迫切的要求。规范化管理中定性与定量管理、制度化管理与人性化管理、行政管理与业务管理等课题就摆在所有公共图书馆管理者面前。

第四节　人本理念与规范化管理

公共图书馆规范化管理首先是对人的管理，而人本思想又贯穿于整个管理工作始终，需要深入研究，统筹兼顾，细致入微，使其公平合理。

在公共图书馆工作中，运用管理学的模式进行工作管理和过程控制，能够起到事半功倍的作用。

一、公共图书馆的规范化管理

公共图书馆自身的文化建设和管理是根据总体文化事业发展要求，合力提高公共图书馆工作的服务水平。

实施规范化管理，需要管理者和员工各自具备特定的条件。

1.管理者必须具有相应的素质

（1）思想政治素质

任何一个文化机构，都是为一定的对象服务的，公共图书馆的服务对象是广大民众。公共图书馆在为人民群众提供基本阅读和获取信息的需要方面，具有独特的作用。管理者的政治素质在这方面的集中表现就在于，依照《公共图书馆法》，深入贯彻和实践公共图书馆的宣言内容所赋予的历史使命。

（2）组织管理素质

团结、组织、沟通与交流的能力是对管理者基本的素质要求。不能团结大多数公共图书馆工作者，就不能有力地组织实施既定的方针和任务，无法与员工正常地沟通与交流。

（3）专业技术素质

公共图书馆管理者的专业素质，是公共图书馆整体服务质量的保证。因此，要求公共图书馆管理者具备较高的专业素质，才能为读者、为社会给读者提供优质的专业服务。

（4）以身作则

管理者要成为执行制度的模范。管理者要管理好公共图书馆，首先要管理好自己。只有这样，才能办事公正，树立威信，影响下属。

（5）独特人格魅力

每个人都有独特的个性与性格，领导者亦然。公共图书馆的管理者要求具备外向型的性格。个性张扬，性格外向，往往能把冷清的公共图书馆工作搞得火热。性格过于内向，难以沟通，不能广开言路，工作中就可能感觉处处掣肘。

2. 公共图书馆员工应具备良好的整体素质

公共图书馆员工是联系读者和图书之间的媒介，担负着重任，除应该具有起码的政治思想素质和文化素质以外，还应该具备相应的专业业务水平和必需的服务技能，从而形成整体的综合素质。

（1）政治思想素质和文化素质

每一个图书管理员都是文化工作的使者，担负着传播文化、服务大众的基本职能。要做好这项工作，就应该具备合格的政治素质，按照国家的文化方针开展宣传服务工作。同时，基本的文化基础也是公共图书馆管理员必不可少的前提条件。单纯的借借还还的服务模式早已过时，而深化服务、个性化服务、专题服务、定向服务等已经成为必然趋势。如果不具备一定的专业知识，就会缺少必要的工作能力，工作视野和综合能力都受影响。

（2）专业水平和服务技能

社会在不断进步，公共图书馆专业知识也在不断深化，特别是数字化网

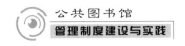

络化的兴起，为传统的公共图书馆事业增添了活力，同时也给公共图书馆工作人员带来机遇，提出挑战。

二、通过制度实现公共图书馆的规范化管理

公共图书馆的规范化管理，需要通过公共图书馆的制度的建立和实施来实现。

1. 公共图书馆管理制度类型

（1）综合性制度

公共图书馆的综合性制度包括国家层面的有关法律、章程、规程条例及全面性的规章制度，这方面以严格执行为主。

（2）行政管理制度

主要包括组织管理制度、人员管理制度等。这类制度是行政要求，属于内部员工的管理，重点在于按照公平、公正、公开原则，以调动员工积极性，促进和谐公共图书馆的建立，推动事业发展为目标。

（3）业务管理制度

主要包括文献入藏制度、文献分类细则、文献阅览工作制度、文献库室管理制度及读者服务工作制度等。这些属于读者服务管理和内部文献管理的制度，涉及读者工作和内部业务工作的各个方面。

2. 定性与定量管理

公共图书馆的定性管理与定量管理相互依存，互为补充，量化与质化并重。从规范化要求来看，能量化的尽量量化，无法量化的则提出质量的要求，以保证此类工作的正常开展。可以量化的内容，包括读者活动次数人数、业务辅导次数人数、展览讨论次数、信息提供数量、各类图书比例、编目误差率、采访重复率、图书入藏量、员工继续教育时数、员工论文写作发表数量、书刊丢失率、读者率和投诉次数等。还有，许多工作是无法量化的，比如，员工服务态度和质量、编目规范程度、文献保护状况、免费开放程度、公共

图书馆服务范围和内容、文献专题服务效果、信息服务效果、学术研究成果、辅导工作效果与业绩、协作协调情况、共享工程建设服务情况等。

3. 行政管理与业务管理

在公共图书馆，行政管理与业务管理同时存在。行政管理侧重对员工的行为管理，包括对人事、考勤、政治思想等方面；业务管理侧重于面向读者的服务及其服务基础，重点在于做好基础业务建设的方针、规划、措施，提出事业发展目标，建立读者服务规范。行政管理是实施业务管理的保证，业务管理是行政管理的目标，是业务建设和事业发展的基础。公共图书馆工作专业性强，业务工作有其自身规律，不能以行政管理模式来指导业务管理，更不能取替业务管理。

4. 制度化管理与人性化管理

制度化管理是按照规定对制度进行贯彻实施，是情感管理与制度管理的结合，充分体现以人为本的思想理念；一方面是领导、员工及读者素质三方面的集中体现，是和谐公共图书馆的必由之路；另一方面也是事业发展的需要。

此外，公共图书馆管理中，还有情感管理的内容。随着社会经济的不断发展，情感因素在公共图书馆管理中已得到广泛应用，并取得了一定的研究成果。但竞争环境日趋复杂，不仅要有硬性的制度管理，还必须辅以软性的情感管理。

第三章　公共图书馆计划管理

凡事预则立，不预则废。公共图书馆应科学预测未来，制订出切实可行的计划，实行计划管理，在执行过程中，按阶段逐步落实。

第一节　公共图书馆计划管理的基本要求

计划是一个预先设计安排活动方式、方法和途径的行为及其过程。公共图书馆计划就是在科学预测公共图书馆未来工作并确立目标、作出决策的基础上，预先设计和拟定公共图书馆工作方针、方式、途径等的活动及其过程。

公共图书馆计划具有双重功能，即作为公共图书馆管理过程中常用的一项管理职能，公共图书馆计划承担着规划和部署公共图书馆各项工作的重任；而作为公共图书馆管理活动的常用工具，公共图书馆计划又成为公共图书馆各级管理者开展工作的实用技术和得力帮手。

公共图书馆计划从静态的结构角度看，表现为形成书面文字的计划任务书，也就是公共图书馆工作计划。对于一个体系完备、体例规范、结构严谨的公共图书馆工作计划而言，必须达到以下要求。

一、明确规定计划的总目标及其各项具体目标

公共图书馆管理者编制的计划，应该使计划的执行者了解其应该完成的

主要任务和中心工作，认定自己将承担的工作数量及其质量要求，以及自己拥有的责任、权利和义务等。

二、确定实现管理目标的方式、方法、手段、途径、工具

所有关于执行计划的方法、途径和工具的规定，给公共图书馆工作计划的执行者提供了具体的工作指南，让他们清楚怎样做才能完成规定的任务，实现预期的目标。

三、明确完成任务所具备的环境与条件以及具体的作业空间

作为一项计划，应该使计划执行者清楚自己所处的组织、岗位以及其他可能提供的条件，这样才能使馆员有足够的心理准备和物质准备，迎接各种条件变化所带来的挑战。

四、明确的时间规定

公共图书馆计划，应该为组织整体以及各项工作提供一个完整的"时间—任务"序列表，以使计划所规定的任务和目标得以有效控制，并依次按时完成。公共图书馆计划的时间规定，集中反映在计划期限的确定。根据管理者承担的任务量和所控制的资源状况，管理者在制订计划时，就会对完成规定的任务有明确的时间安排，并确定计划的完成期限，规定完成计划的时间要求。

五、明确规定计划的执行者、监督者和控制者

为了使公共图书馆计划能够得到贯彻落实、收到实效，在制订公共图书

馆计划时，就应该规定相应的管理系统，使计划所涉及的每个馆馆员都能够确认自己在组织中的位置，以及在工作中的角色和工作要求。一旦出现问题，管理的控制者、执行者和监督者都能及时地找到相应的责任人，并及时给予解决。

六、文字精练、用词准确

公共图书馆计划文字方面的要求，则能使计划更完美、更易于理解和执行。反之，如果计划所规定的目标及标量含糊不定，或模棱两可，就会给计划的执行者和监督者带来麻烦。

随着现代化管理的深入，计算机网络技术的普遍应用，公共图书馆各级管理者在运用计划管理职能时，应该走规范化管理的道路，编制出切实可行的公共图书馆计划，利用现代化通信技术手段及时传递计划要求，全面促进公共图书馆管理的发展。

第二节　公共图书馆计划的工作过程

公共图书馆计划工作分三个阶段，即计划工作的准备阶段、计划的编制阶段和计划的执行阶段。

一、计划工作的准备阶段

为做好计划工作，各级各类公共图书馆管理者，应该在理论、技术、方法、观念、心理和物质等方面有充分准备。这样，才能全面把握计划管理职能，使计划工作顺利进行，并收到预期效果。每个公共图书馆的具体情况不同，准备工作的内容及深度也不相同，但主要方面是相同的。这些准备工作包括以下三个方面。

1. 工作人员和组织机构的准备

多年的计划工作实践证明，工作人员素质偏低、组织机构或相应的管理系统及其管理机制不健全，是影响计划工作的因素。因此，普遍提高各级管理者的职业素质，特别是提高计划工作人员有关计划职能的理论、方法、知识和技能，良好的心理等是必要的准备；建立健全计划工作的领导和管理体制，指定专人负责该项工作，可为顺利进行计划工作提供良好的组织保障。

2. 管理信息和数据资料的准备

充分掌握各类相关信息，收集和了解各种意向，是这项工作的主要任务。为此，应该重点做好两方面的工作。一是以往各种信息资料的收集、整理。收集相关的文件、法规等信息，为管理目标的确定及计划的编制提供有价值的管理信息。二是对公共图书馆未来发展做意向的调查。通过专家咨询、问卷调查、座谈会等形式，了解社会各方面对公共图书馆现状及未来发展的意见，为计划的制订提供更丰富的管理信息。

3. 经费和其他物质条件的准备

公共图书馆日常的短期计划耗时费工不多，对于那些长期规划的制定和实施，必须提供充足的经费和良好的物质条件，以保证工作的顺利进行。

二、编制计划阶段

计划编制阶段主要工作环节包括以下五个方面。

1. 预测未来

预测是指对未来发展状况或结果的预见和估计。在管理活动中，预测也是管理者常用的一项管理技术和方法。预测具有三个主要特征：未来性、不定性、待证性。公共图书馆计划是对未来工作的事先安排，所以在编制计划时，必须对未来可能出现的各种状况作出科学的预测。在公共图书馆计划工作中进行科学预测，就是要根据上级主管部门工作任务的安排和指示，从已经掌握的各种资料和信息出发，对完成上级指示或实现本馆工作设想过程中可能出现的各种情况，作出科学的预测。

2. 拟定目标

在对未来前景作预测的基础上，根据预测的结果，确定未来工作的目标，是公共图书馆计划十分重要的环节。为公共图书馆未来工作确定努力的方向，拟定具体的目标，应该完整地体现出选择和确定公共图书馆管理目标的五项原则，即先进性、务实性、准确性、计量化和系统化。灵活掌握这五项原则，在确定管理目标时，兼顾目标的先进、准确、系统等特征，就能够在预测结果的基础上，为公共图书馆计划选定适用、可行的管理目标。在制定管理目标时，一方面目标本身要切实可行，兼顾三个方面的利益：上级主管的管理规定和要求、下级馆员的理解和接受、管理者自身对管理的理想和追求。另一方面，目标之间要科学合理，达到三个统一，即全馆目标和部门目标的统一，单位目标和个人目标的统一，目标的内容规定和目标形式划分的统一。

3. 制定行动方案

为公共图书馆目标的实现拟定多种行动方案，给决策者提供多种选择机会，是公共图书馆科学管理发展的必然要求，也是提高决策质量的基本保证。拟定多种方案时，应该注意几个关键问题：一是要创造并形成竞争环境，由多个小组参与方案制定；二是鼓励馆员全方位参与；三是认真审阅全部方案，对每个方案作出评价。

4. 作出决策

决策通常是指人们对未来行动的目标、方式和方法作出的选择及其决定。在公共图书馆计划工作过程中作出决策，主要体现在对各种方案的选择和决定上。由于决策者在管理活动中的决定性地位，因此，管理者必须全面理解并掌握该项技术。决策具有五个特征：广泛性、定向性、优选性、唯一性、风险性。把握住决策的特征，注意克服决策中的常见错误，坚持集思广益的原则，依据一定的规范或标准，参考具体的管理环境和条件，就能最终作出正确的决策。

5. 编写计划

在编写计划时，要充分体现决策的基本精神及具体要求。将决策所确认的行动方案拟好后，即可上报有关主管部门审核或备案的，通过之后，就成为下属部门或馆员实施的公共图书馆计划。

三、执行计划阶段

根据公共图书馆计划安排，组织实施各项管理活动，完成计划提出的目标和任务，是这个阶段的基本任务。为完成这些任务，要注意做好以下工作。

1. 计划执行者所接受的所有计划，都应有上级领导机构或主管部门的指示或授权，否则该计划不能予以实施。未经授权的计划，执行者有权拒绝。

2. 计划执行者既要严格遵循计划所规定的工作方针、方式、方法和期限等具体要求，又要发挥工作的主动性和创造性。如果执行计划仅仅是机械性的行为，那么如管理环境出现变化或计划本身考虑不周而出现意外情况，管理系统就不能很好地作出应急反应。

3. 要依据计划提出的规定和要求，随时了解组织运行过程特别是计划工作中的各种相关信息，及时改正各种背离规定的行为。管理者可以根据计划实施不同阶段的具体情况，查明出现问题的原因，采取措施解决问题。

4. 将计划的执行结果汇总以后，如实上报主管部门，接受检查和考核，是计划工作后期的重要工作内容。在这个环节上，计划执行者要全面汇报工作的实际成效，不得有任何虚假成分。作为计划监督者和控制者的公共图书馆主管部门，也应及时地了解计划的执行情况，客观评价计划工作的成效，有针对性地提出之后改进工作的意见。

第四章　公共图书馆岗位责任制和目标管理

岗位责任制是指根据单位或组织各个岗位的工作性质和业务特点，明确规定其职责、权限，并按照规定的工作标准进行考核及奖惩而建立起来的制度，是单位或组织激励大家工作积极性的必要手段。公共图书馆也应建立岗位责任制，注重对人员的考核和评价，奖勤罚懒，达成期望的目标。

第一节　公共图书馆目标管理的内容特征

一、以人为中心

目标管理的理论建立在人本主义理念之上，由此形成以人为中心的管理特征。

目标管理十分重视人的作用，主要体现在通过各种民主方式和途径，给公共图书馆馆员参与目标制定、自我考核等管理机会，以激发他们自我管理的意识和工作的主动性，创造良好的人际关系环境，从而实现对公共图书馆的管理。这种方法处处体现出关心人的主导思想，因此，在一定程度上能够充分调动下属人员工作和积极性，推动公共图书馆管理走向成功。

二、注重验收与考核

目标管理在重视对管理过程进行宽松监督和控制时，更注重对管理成果的验收与考核。

从整体上看，目标管理是一种成果管理的方法。应用这种方法，管理者把注意力放在管理的最终成效上，而不是跟在馆员后面，随时检查和督导。从实际效果看，这种方法比严格的过程控制更经济、更有效。因为它在很大程度上把主管人员精力集中到把握最终的管理效果上，也能推动馆员在工作过程中创造业绩。

三、个人意愿与组织目标一致

目标管理在设定组织目标时，充分听取和吸收每个馆员对组织大目标、个人工作岗位分目标的意见和建议，使管理者与被管理者之间双向定标，形成目标到人、责任到岗、各司其职、目标一致的双向式新型管理体系。目标管理正是在工作岗位目标上，将馆员的个人意愿与组织目标融合、统一，有别于传统的由上级给下级定目标的管理方法，并能够收到最佳的管理效果。

四、上下一致

目标管理在设定目标时，强调上下级之间、组织与个人之间的双向协调；在执行既定目标时，除管理系统的宏观监控以外，更倡导自我管理、自我考核、自我控制。公共图书馆馆员通过个人对所承担的任务及目标完成情况的自我检验、自我考核，能够自觉地控制自己的活动，并逐步完成本人承担的既定目标。在这个过程中，每个馆员的自尊心、成就感都得到尊重和肯定。

因此，公共图书馆目标管理具有以往管理中不具备的积极因素，充分利

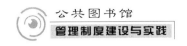
用这种有利因素，更多体现对人的尊重，就能够完整表现其优越性。

第二节　公共图书馆目标管理的实施

公共图书馆目标管理的实施过程，可分为拟定目标、组织实施、成果考评三个阶段。

一、拟定目标阶段

拟定目标阶段的任务，是根据公共图书馆工作现阶段发展的需要和可能，或者是上级主管部门下达的指示、规定和任务，制定本系统及员工的管理目标，形成层次分明、组合有序的目标及其目标管理体系。为此，管理者应该分别完成以下几项具体工作。

1. 初步拟定公共图书馆的总体目标

根据上级主管部门指示或规定的基本精神，由高层管理者根据调查研究和事实分析所形成的建议，拟定出系统的总体目标，将其作为初步意见，交给员工讨论。

2. 员工为自己的工作岗位确立目标

接到由上级主管提供的拟定目标的初步意见以后，每个员工都应该根据总体目标的基本精神，结合本岗位的工作特点和个人的实际情况，设定一个乐于承担、能较好完成的目标。

3. 组织目标与个人目标的协商与协调

以员工个人确定的目标为基础，参照各岗位的特点及其相互关系，综合来自其他各方面的意见和建议，形成一个兼顾组织与个人利益的公共图书馆管理目标体系。把所拟定的目标管理体系作为初步意见的"修订意见"，下发给每个员工，征求其对修订意见的想法和建议。

4. 目标管理体系的最后形成与确定

收到"修订意见"以后，员工必须对"修订意见"反复讨论，并正式提交改进意见，最高领导层在接到对"修订意见"的意见之后，综合各个方面的意见，确定本系统的管理目标及其体系。由总目标、子目标构成的目标管理体系，应充分反映员工需求，充分体现民主精神。

二、组织实施阶段

组织实施阶段的任务，是以公共图书馆目标管理体系为依据，管理者与被管理者通过签订目标责任书等双方共同的约定，加强自我管理、自我控制，规划和组织落实预期的管理目标。为此，各级主管人员应该做好以下几项工作。

1. 填写有关目标管理的操作性文件，作为实施管理的细则和依据。在公共图书馆目标及其体系确定下来之后，就可以拟定管理者与被管理者共同签署并予以履行的目标责任书或类似的文件，使双方确认各自承担的目标和任务，成为双方进行管理、监督和考核的依据。

2. 制订计划、组织落实，加强宏观和微观调控。在实施目标管理时，各级管理者应该按照既定的目标及其体系，来拟定相应的管理计划。在宏观方面，各级主管部门可以据此监督和掌握下属人员执行目标的进度等情况；在微观方面，每个馆员通过制订自己的工作计划、个人承担的工作任务和目标，能够按照自己认定的时间、数量和质量等标准予以执行。

各级主管部门采用目标管理方法时，并不意味着放弃对工作过程的监督。除了在目标制定和考评上须投入较多的精力之外，在组织落实阶段也有重要工作要做，特别是当馆员遇到只有靠上级管理系统协调才能解决的问题时，主管部门就要出面做协调、疏通和调解工作。

3. 以目标为参照系，自我调节、自我监控、自我管理，逐步完成预期的管理目标。目标执行者对自己所承担的目标作出计划安排之后，就进入具体的实施阶段。在执行预期计划的过程中，目标执行者运用自己所拥有的职权，施展才能，尽最大努力完成预期的目标和任务。对于出现的各种问题，在其获取的职权和财力等资源范围内，可以自主作出决定。无论如何，最终目的还是要完成自己所承担的目标和任务，并对结果负相应的责任。正因如此，他们的每个行动、每项措施及效果，都要随时与预期目标加以对照，如有问题及时处理。经过他们自觉管理和调控，在管理系统各要素的共同努力下，整个公共图书馆系统的目标管理就会取得一定的成果。

三、成果考评阶段

成果考评阶段的任务，是指公共图书馆最高管理层依据拟定的目标体系，对各级管理者的目标执行成果进行全面考评，并最终确认目标完成情况的过程。为此，应重点做好两个方面的工作。

1. 将实施阶段要求与拟定的目标加以比较和反馈，以实现自我调整和管理。在成果考评阶段，要完成两个反馈过程：一是将各级目标执行者的工作成果与既定的目标体系逐条逐项地对照，以确认目标实现与否；二是将出现的问题反馈给相应的责任者。

2. 要对执行者的执行情况进行考评，并出具考核验收结果的证明。根据约定的奖惩办法加以奖惩。

经过拟定目标、组织实施和成果考评三个阶段的工作过程，认真采用管理工具和管理办法，经过上下共同努力，就能实现预期目标。

第五章　公共图书馆人力资源管理

一支专业的馆员队伍是公共图书馆可持续发展的根本保证。在一切事物中，人是第一个最宝贵的资源，要做成一件事，关键是看人。公共图书馆管理中，人力资源管理可谓重中之重。因此，公共图书馆的管理必须以人为中心，招来人才，留住人才，用好人才，为馆员创造一个良好的成长环境。

第一节　公共图书馆人力资源管理的含义与构想

一、资源管理

资源管理是指管理者通过科学计划、组织和协调等各种努力，合理地利用人力、物力和财力等管理资源，使各种资源达到最佳配置，并取得最佳资源利用效果的行为及其过程。从管理的角度看，资源就是人们为了实现管理目标所能调动和利用的各种条件或手段的总和。

二、公共图书馆人力资源管理的重要性

任何国家的图书馆维持生存和发展必须具备三个条件：一是硬件，包括馆舍、图书、设备；二是经费；三是人力，包括馆员、志愿者、外聘专家、

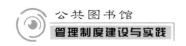

合作伙伴及潜在人力。在以上三者中，人力资源是第一位的，它是首要的能动的生产要素。

建立一支专业化、多元化、特色化的优秀人才队伍已成为公共图书馆发展的必然需求。

公共图书馆要想得到长久的发展，就必须重视人力资源管理，把优秀的人才引进到公共图书馆的各个工作岗位上，并充分发挥人才的引领和支撑作用，才能实现公共图书馆人才管理的真正目的。公共图书馆要建设一支优秀的人才队伍，首先需要了解人才对公共图书馆发展的重要性，对于公共图书馆这种服务类型的工作性质，其重点任务是提高社会文明程度、提升公共文化服务区水平。其本职工作内容是为人民群众服务，所以说公共图书馆应该优化人力资源管理模式，只有不断努力完善相关制度，才能让公共图书馆相关工作更好地发展，实现公共图书馆既定的最终目标。

三、公共图书馆人力资源管理模式存在的问题

公共图书馆虽然在人力资源管理模式上进行了优化和创新，但是在实施开展过程中还存在不足之处。

1. 人力资源管理模式有待完善

部分公共图书馆在人力资源管理理念上还比较传统，并没有落实以人为本的管理理念，难以培养员工的工作积极性和忠诚度，馆员对公共图书馆的归属感不强。公共图书馆内部缺乏有效的激励方案。馆员缺乏激励，就无法调动工作热情和工作积极性，降低了工作效率。所以说公共图书馆应该从多方面优化人力资源管理模式。

2. 评价机制不健全

人才评价机制的最终目标是实现事业单位选拔优秀人才、激发优秀人才创新能力，让事业单位更好地发展，更好地为社会服务。但是在我国事业单位，管理人员受到传统落后的管理模式的影响，无法公平地对员工进行综合

评价，难以反映员工工作的真实情况。同时，法规政策的不健全也导致了事业单位评价机制的不完善，缺乏规范性。我国还没有对人才评价管理方面的相关法律法规，缺乏科学的行业标准，也缺乏相应的法律法规保护。对公共图书馆行业的人才评价机制亦如此。

3. 有效激励机制缺失

事业单位管理人员利用激励机制调动员工的工作热情，提高员工在工作时间内的工作效率，但是实际上激励效果并不是那么明显，没有达到预期的目标。公共图书馆有效激励机制的缺失，首先，表现在管理部门对激励机制的宣传力度不大，导致馆员重视程度不高，认为激励机制只是一种形式，可有可无，这就无法有效激发人才的创新潜能，馆员也很难为公共图书馆事业发展创造更多的价值。其次，是激励机制存在盲目性。合理借鉴其他公共图书馆的激励政策是必需的，但是不能出现盲目激励，只有立足本馆馆员需求的基础上，采用符合本馆馆员条件的激励方式，激励机制才能发挥意义。所以，人力资源部门要对本馆馆员进行科学的需求分析，来制定完善的激励机制。最后，在实施激励机制的过程中，未严格按照规定执行，无法调动馆员的工作积极性，工作效率减低。

4. 内部培训水平有待提高

事业单位应采取有效的措施，提高员工的综合素质。员工培训就是一条非常重要的途径。公共图书馆组织培训的目的是提升馆员的思想价值观，改善工作态度，为非公共图书馆专业的馆员填补专业技能的不足，提升馆员综合素质，达到工作岗位要求。但是在开展培训工作过程中还存在一些不足，首先，对馆员培训需求分析不足，缺乏分阶段规划和分层次规划。现大多数的培训都是召集全馆专业技术人员参加同一课程的专业课，没有按部门工作内容、馆员就业年限、馆员职称水平等层次细分。这样统一的培训，容易使专业水平高的馆员"吃不饱"，刚接触公共图书馆事业的年轻馆员"吃不消"，不能及时、全面了解馆员的实际需求，影响培训效果。其次，是培训形式过于单一。目前公共图书馆专业课的培训基本以讲座式为主，业界专家在台上讲，馆员在台下听，缺乏必要的互动交流环节，降低馆员对培训的兴趣度。最后，是没有及时反馈和总结培训效果，组织培训的部门没有形成一套完善科学的培训管理制度和考核制度，没有了解馆员对培训内容的消化程度，没有总结培训是否达到了预期效果。

四、优化公共图书馆人力资源管理模式的工作构想

1. 完善人才管理模式

首先，要树立先进的人才管理理念，突破传统管理观念，不是单纯把人才"管"起来，还需要把人才开发及利用起来。将馆员的人才发展和公共图书馆的战略发展紧密结合，通过竞争激励性管理，为公共图书馆人才发展奠定良好基础，营造人人都可成才的竞争氛围。其次，是提高馆员的综合素质。一是提高中层干部的管理能力素质，加强政治理论学习，创新管理理念，改良管理手段。二是提升专业馆员的专业水平，除了掌握某一学科群知识，还需了解资源建设和信息服务方面的知识。最后，是创新管理方式，通过信息化平台科学分析人才队伍情况，科学制定人才发展规划。

2. 构建科学健全的评价体系

公共图书馆构建科学健全的评价体系是对人才进行的客观评价。

在公共图书馆事业快速发展的时代，公共图书馆要想实现自己的战略发展目标，就需要结合自身特点构建科学健全的人才评价体系，建立一支适合本馆发展需求的人才团队，为本馆的全面发展提供有力的支撑。人才评价体系是在人力资源战略的基础上设立的，最终服务于事业的发展。公共图书馆应定期对馆员进行人才评价调查和分析，结合本馆业务发展需求，从专业的角度分析人才队伍中需要完善的地方，及时进行调整和改善。

3. 建立合理公平的激励机制

建立合理公平的激励机制，是管理的重要工作之一。首先，公共图书馆要充分准确了解馆员的需求。激励机制的出发点是满足馆员的需求。公共图

书馆要通过物质需求和精神需求两方面来进行激励，并且分阶段、分层次去满足需求，提高馆员的归属感。其次，公共图书馆要建立公平公正的激励机制，让馆员在激励机制实施过程中享受到人人平等的权利。在实施过程中要与绩效考核相结合，形成以目标激励为主、竞争激励为核心的激励制度，全面激发馆员的工作能力和竞争意识，发挥其最大的潜能。最后，公共图书馆要实施多形式的激励方案，在开展实施内部激励机制的时候，要考虑多方面的因素，包括年龄、岗位、员工职业规划等，建立多形式的激励制度，有效调动员工的工作积极性，提高工作效率。

4. 提升内部培训水平

首先，要树立科学的培训观念，明确培训目标。为了提高培训的有效性，公共图书馆必须从根本上转变培训观念，从培训内容、培训形式、培训考核上进行创新性管理。其次，公共图书馆在开展内部培训工作之前，须提前做好馆员的实际需求分析，把培训内容和馆员实际工作内容结合一起，提升理论的实操性，满足馆员个性化需求。最后，要优化培训内容和培训方式，公共图书馆要改变传统落后的讲座式培训方式，可运用现代化信息平台开展馆员专业技能培训，或采用论坛、学术沙龙、研讨会等形式开展培训，激发馆员之间的学术灵感。同时还要丰富培训内容，除了专业知识、岗位技能、管理技能，还能扩充到人际交流、心理健康等方面，满足不同层次馆员的学习需求。

综上所述，优化公共图书馆人才管理模式要从人力资源的开发及管理出发，完善公共图书馆人力资源管理体系和制度，创新人才管理模式，完善激励考核制度，优化人力资源组织结构，从而保障公共图书馆事业的蓬勃发展。

第二节　公共图书馆的职业资质和岗位设置

公共图书馆服务的专业性对图书馆员的职业素养提出了专业化的要求，

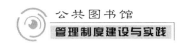

馆员的职业素养决定了提供服务的专业化程度。因此，建立专业化馆员队伍是公共图书馆履行职责、完成使命的重要保证。

一、公共图书馆从业人员的职业资质要求

职业资质也就是职业资格，是一个人从事某种职业所需要的专业知识和基本技能所应该达到的水准，以及必备的职业能力和职业经验。

职业资质和职称不同，职称是知识能力的综合体现，是对知识能力的垂直比较，有不同的等级，不同行业间具有可比性。职业资质则是对具体行业而言的，是就个人知识能力同行业要求相比较的，不同行业不具可比性。

对于公共图书馆从业人员来讲，其职业能力体现如下：

1. 具备公共图书馆情报专业知识或其他学科专业知识

从学科专业知识来看，公共图书馆馆员既要对文献进行收集、组织和整理，又要对文献进行传递和使用，还要开展参考咨询和策划讲座、展览等读者服务活动。因此，公共图书馆既要有图书情报专业的人员，又要有其他学科专业造诣较深的专业人才，只有两方面的人才齐备，才能使公共图书馆人才实现学科人才的有机结合，顺利地开展工作。

2. 掌握现代信息技术

现代信息技术的发展和它在公共图书馆的广泛运用，要求公共图书馆员具备一定的计算机知识，熟练掌握和操作各种图书馆服务软件，运用多媒体技术为读者提供图、文、音一体化的信息服务。特别是公共图书馆计算机系统及网络维护人员，更要系统掌握计算机软硬件专业知识。

3. 有一定的英语水平和汉语表达能力

英语是国外先进技术、经验传播和记载的语言媒体。图书馆员只有掌握一定的英语知识，拥有一定的英语水平，才能熟练查阅外文资料，充分利用网上信息为读者服务。此外，图书馆工作中要处理大量中文信息，与各类用

户沟通，汉语能力也非常重要。

二、公共图书馆馆员的岗位设置

为了收到预期管理效果，公共图书馆管理者应该根据本馆的实际情况，选用适当的方法，使人员的配置与使用符合科学管理的要求。我国公共图书馆管理领域通常采用以下三种方法来配置和使用工作人员。

1. 固定工作岗位法

采用这种方法分派工作人员，就是依据人员以往的资料和信息，参考本馆工作岗位的特点和要求，最后确定具体人选。确定后，没有特殊情况，人员一般不动。这种方法的优点是有利于工作人员熟练掌握专门的工作技能和方法，培养专门的业务人员；不足之处是在兼顾人员个人意愿以及未来发展方向等方面不够充分。

2. 先轮转后固定法

这种方法改变了一次到位的指导思想，让工作人员在一定时间内依次到公共图书馆各个工作部门或主要工作环节上了解实际情况，体验工作实践。经过轮转，对各种工作有了一定了解之后，再兼顾工作需要与个人意愿，确定人员的工作岗位。

3. 定期相互对调法

确定一个周期，对工作人员进行部门间或岗位间的对调和轮换，就是一种定期相互对调的方法。采用这种方法，可以在一定程度上激发工作人员的兴趣和积极性，降低由于固定工作岗位而导致的单调乏味、缺乏积极性带来的损失。但因为公共图书馆工作需要一定的连续、稳定性，所以，采用这种方法时数量和规模不宜过大。

从本馆实际情况出发，分别采用上述几种方法，遵循人员管理的具体法则，就能够较好地驾驭人力资源，使人力资源的利用达到最佳效果。

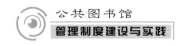
第三节 公共图书馆用户管理

公共图书馆与用户的关系是互为依存的关系。公共图书馆是社会公共文化资源，是为用户服务的；用户是公共图书馆的服务对象，同时也是公共图书馆的资源。厘清二者之间的关系，发挥好各自的优势，团结互助，就能把公共图书馆工作做好。

一、公共图书馆用户管理的概念

公共图书馆用户管理是指管理者根据公共图书馆的目标和任务，通过调查研究，了解用户利用公共图书馆的需求，需求的强弱、特点和规律，协调其同公共图书馆的关系，为公共图书馆的各项工作提供可靠的依据，以激励用户参与公共图书馆事务，为公共图书馆服务提供人力、物力、财力支持的过程。简单地说，就是发现用户、研究用户、开发用户和激励用户，就是挖掘潜在的用户，使其逐步成现实的用户。以不断提高的服务水平留住老用户，并努力提高其忠诚度。公共图书馆树立"以用户为中心"的理念，通过各种渠道发现、了解、预测、开发、管理用户资源，并通过满足用户需求，提高用户满意度来改善用户关系，进而与用户建立长期稳定的发展关系，达成图书馆目标。

二、公共图书馆开展用户管理的意义

1. 有利于培养馆员的用户意识

用户是公共图书馆的生命线，也是公共图书馆最具活力的资源，公共图书馆发展的决定性力量。开展用户管理，将促使馆员养成用户意识，树立"以用户为中心"的服务理念与服务宗旨，以用户的需求为重，实现优质的公众服务和用户关怀。

（1）用户是公共图书馆存在的基础

公共图书馆是为用户而存在的，用户是公共图书馆存在的基础，用户的利用是图书馆生存与发展的关键。一个图书馆的功能价值体现的程度、文献资源的开发利用水平，取决于用户的数量、质量和使用图书馆的效益和效果。图书馆的藏书及资料信息只有通过用户的使用才能体现其作用和存在的必要性，关注用户等于关注图书馆的未来。这就要求公共图书馆转变理念，把图书馆变成读者的图书馆，图书馆应适应读者的要求，以读者需要的服务为工作内容。

（2）用户是公共图书馆工作的评价主体

用户对公共图书馆的工作满意与否，是用户的感知与期望决定的，用户是公共图书馆工作的评价主体。公共图书馆的建设与发展情况，为读者提供服务的质量如何，都要由读者衡量判断。一个图书馆办得好与不好，主要依据读者对利用图书馆的希望程度、读者对图书馆服务项目和服务标准的信誉程度、读者对服务人员素质和服务水平的认可度而作出评价。

（3）用户有权选择公共图书馆服务

公共图书馆是图书馆服务产品的提供者，广大读者和用户是公共图书馆服务产品的利用者和消费者，他们有权利选择图书馆服务，这种选择就蕴含了供方的竞争。因此，作为文献信息服务提供者的公共图书馆，在读者和用户自由选择利用图书馆的竞争机制下，只有努力提供服务质量和水平，为社会提供优质的服务以满足读者需求，才能立得住脚，否则会被时代淘汰。

现代信息技术为公共图书馆的服务延伸和创新提供了更多的可能，但也为其制造了越来越多的信息服务领域的竞争者，对公共图书馆服务提出巨大挑战。在网络化环境下，用户利用文献信息资源的方式和手段发生了根本性变化，公共图书馆不再是用户唯一的查询资料、获取信息的场所。在为当地居民提供公共服务以及政府购买双重理念的影响下，用户的数量将在很大程度上决定政府对公共图书馆的投入。因此，如何通过丰富馆藏、改善服务、优化阅读环境以赢得读者，是公共图书馆工作的首要问题。

2. 有利于提高用户的满意度

以良好的服务让读者满意，这是公共图书馆工作的终极目标。开展用户管理将促使公共图书馆围绕读者为中心，千方百计满足读者需求，提高读者满意度。

(1) 用户满意的含义

满意是用户对需求是否得到满足的一种界定尺度。当用户需求得到满足时，便体验到一种积极的情绪反应，这种情况就是满意；否则，就是不满意。用户对公共图书馆是否满意，反映了公共图书馆的社会效果，直接影响后续需求的产生，因此，用户满意与否是衡量图书馆工作质量的尺度。

用户满意有三个方面，一是理念满意，即公共图书馆的服务理念带给读者的心理满意状态，比如公共图书馆的服务宗旨、服务战略、服务精神、服务信条、服务风格等的满意状态。二是行为满意，是指公共图书馆的服务行为带给读者的心理满意状态，如行为规则、行为效率、行为方式、行为语言等的满意状态。三是视觉满意，是指公共图书馆服务中可视性的外在形象留给读者的心理满意状态，比如服务名称、导引系统、环境美化、文字规范、设施格局、建筑标志、物品陈列、装饰色彩、人员服饰等的满意状态。

(2) 满意度的内容

满意度是指用户接受公共图书馆服务的实际感受与事先期望比较的满足程度，是用户对公共图书馆工作的全面评价，是满足度、便利度、关心度等评价指标的综合体现。满足度即公共图书馆所提供的文献信息服务满足读者需求的程度，可通过文献保障率、文献借阅率等指标来表示。便利度即公共图书馆为读者利用文献资源提供方便的程度，如馆址是否适中、交通是否方便、服务布局是否合理、标示系统是否完备、检索系统是否高效、参考咨询与导读系统是否健全、残疾人服务系统是否完善等。关心度即公共图书馆对读者给予的关心、关切和照顾的程度，具体表现为公共图书馆工作人员在提供读者服务过程中情感的投入程度，如工作人员对待读者热情、诚恳、耐心、周到的服务程度，以及对弱势读者，如残疾人、老人、儿童等读者的关切与关怀程度。

3. 有利于图书馆改善服务

公共图书馆用户的需求多样而复杂。为了给予用户满意的服务，公共图书馆应收集并分析用户的反映，研究和了解用户对图书馆服务、资源及环境等方面的要求，及时调整或补充文献资源，改进服务，改善环境，把决策和行动建立在对用户信息数据分析的基础上。用户管理的成果为公共图书馆修订和完善政策、提出改进工作的重点和措施提供了科学依据，直接指导着公共图书馆各个方面的工作。所以，开展用户管理有利于图书馆改善服务，是公共图书馆进行决策的基本需要，公共图书馆应自觉利用用户管理的成果以指导工作。

第四节　公共图书馆馆员的考核

考核，是评价员工的重要依据。公共图书馆每年都应对馆员进行考核。

一、考核的目的

出于不同的目的，考核项目的设置、加权数分配以及工作的侧重点会有所不同。一般来说，考核的目的可分为三个层面。

1. 为馆员的升迁、提拔、调资以及奖惩提供评定依据

根据考核得到的评价信息，可以确认工作人员的工作能力、水平和绩效，

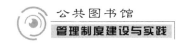
并根据实际水平、贡献大小和发展潜能等因素，予以晋升、提拔或奖励。

2. 为公共图书馆人员管理的改进与完善提供管理依据

通过对工作人员的考核，可以发现工作人员存在的问题，进而为人员计划的制订与改进、劳动量的修订和管理制度的完善等，提供必要的管理信息。

3. 为公共图书馆目标及其任务的完成提供有关的管理依据

通过对工作人员的考核，可以发现工作人员之间及部门之间的差距和问题，有针对性地调整或解决有关问题，以利于公共图书馆管理总目标的实现。

二、考核的内容

考核指标的确定与考核内容范围的划分是一致的。对馆员的考核有以下四个方面。

1. 考核工作人员的品德

根据各类工作人员的岗位规范和各项规章制度，从思想品质、职业道德以及劳动态度等方面设置考核指标进行考核。由于这项内容及其考核指标比较抽象，因此要求考评者严格把关，对被考核人员作出客观评价。

2. 考核工作人员的能力

根据工作岗位对任职人员的具体规定和要求，对其工作状况进行考核。主要考核工作人员的履职状况、文化水平与工作能力，判定其是否胜任本职工作。

3. 考核工作人员的劳动纪律

通过对工作人员出勤情况和遵守劳动纪律等情况的考核，达到调控工作人员行为的目的。

4. 考核工作人员的成绩

根据各个岗位的具体规定和标准规范，对工作人员劳动成果进行考核。可以从数量和质量两个方面着手，判定工作人员的工作成绩及存在的问题，对工作人员实施必要的奖励或处罚、批评或帮助。

第五节 公共图书馆人力资源管理的改善路径

随着教育的发展和社会文化的进步，一些公共图书馆在人员配备上也有了改观，有的地方实行了学科馆员制度，而学科馆员往往是大学公共图书馆中学历高、素质好并能承担此项重任的人才。但是，他们也是流动率很高的一个团体，这就更需要加强对学科馆员思想观念的培养，给他们提供施展才干的空间，争取做到人尽其才、各得其所。既要做到用感情留人，也要做到用制度留人。如此一来，公共图书馆的向心力和凝聚力自然就会增加，公共图书馆的发展目标才能得以实现。

一、改革用人机制

1. 人才准入机制

结合政府部门工作人员制度改革态势分析，对政府人员的聘用将有效缓解公共图书馆人员不足，以及相关专业人员的缺乏现象。薪酬制度可结合合同制与绩效考评相捆绑的制度，有利于合理吸纳社会大量优秀人才。还需要把人才开发及利用起来，将馆员的人才发展和公共图书馆的战略发展紧密结合，通过竞争激励性管理，为公共图书馆人才发展奠定良好基础，鼓励馆员不断升值，营造人人都可成才的竞争氛围。

2. 人才测评机制

公共图书馆进行公开招聘，并对新进员工展开测试评定，包括专业技能、文化素养等综合素质的评定，并依据测试结果结合员工个人喜好以擅长方向对员工进行岗位配置，将人力资源进行最优使用。一个完善健全的能力评定制度不仅要包含硬性指标（包括学历水平、专业知识技能等），同时还要包含软性标准（包括理解吸收力、创新力、执行实施力、协作力等）。随着馆员知

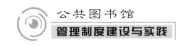

识技能水平的提升，要对员工资料进行实时的更改，并依此进行对员工的职位变迁。

3. 人才考核机制

实行绩效考评制度，建立集责任、权利、利益三者合一的考评制度，将员工习得的理论知识实践到具体工作当中的完成程度作为考评标尺，将经济、效率、效益三者协调增长作为考评目标，对取得学习成果并且在岗位上做出突出绩效的员工进行嘉奖，而对没有取得学习成果的且绩效较差的员工进行惩罚。

二、实行有效的激励机制

1. 个人行为激励

这种方法是通过树立典范、推进先进、运用榜样的示范作用，来达到激励工作人员奋发向上，努力工作的目的。

2. 组织环境激励

良好的组织环境和融洽的人际关系，能激发工作人员的工作热情和积极性、民主性的管理氛围、充分的参与管理的机会、融洽的同事关系和上下级关系，是工作人员心情舒畅、努力工作的前提条件。

3. 行为管理激励

运用一定的管理手段，引导和调控工作人员的行为，激励工作人员努力工作。

（1）目标导向激励

通过设定目标为工作人员确定努力方向，使其产生一定的工作动力，采取积极的行动，收到良好的激励效果。采取这种方法的关键在于目标的设定必须合理、适当，必须能够被工作人员认同和接受，否则就达不到预期的效果。

（2）信息反馈激励

公共图书馆各级主管对其下属人员的工作表现、努力程度和工作业绩等，应该有明确的态度，使其得到鼓励或否定的反馈信息，进而选择坚持或调整自己的行为。管理实践证明，馆员都希望自己的努力和表现能够得到上级的承认与赏识，都具有一定的归属感和认同心理。

（3）奖励惩罚激励

采用奖励与惩罚的激励手段可以是资金、实物等物质形式的，也可以是表扬、鼓励等精神形式的，还可以是提拔晋升或降职处罚等行政手段的。从某种意义上说，惩罚具有独特的激励效应。

实行激励制度，公共图书馆应设置专项资金，对馆内员工在职学习提升学历，或者获取相应资格证进行嘉奖。

第六章 公共图书馆服务管理

公共图书馆的设立，就是实现国家文化层面的公平与正义，惠及千万读者。图书馆馆员的工作，就是为读者提供优质服务，使图书馆成为人人爱去的地方。因此，做好公共图书馆的服务工作，是每个图书馆人义不容辞的责任。而做好服务的保障，要有一系列制度措施的支撑。

第一节 图书馆公共文化服务相关概念

一、公共文化与公共文化服务

公共文化是一种基于共有社会文化的群体性文化，从该类文化延展特点层面来分析，其主要以公共文化场所为传播的媒介，以公共文化资源为工具，来不断培育社会公众的资源共享意识，激发群众对公共文化的参与意识。在公共文化中，公共性是第一属性，更是本质内涵。文化一词是各种文化的综合体，公共文化仅属于文化的一部分，公共文化场所与公共文化设施是其主要的表现载体，其不仅具有物质形态还具有人文精神形态。

在《中华人民共和国公共文化服务保障法》（2016）对公共文化服务进行了界定：公共文化服务是以政府为主导，以社会力量为主要参与群体，以满足民众文化需求为宗旨所实施的一系列的文化服务措施，例如文化产品、文化活动、文化设施等。在此界定基础上，不同学者以不同视角，提出了多种内涵。一些学者认为：公共文化载体涉及层面较广，例如公共文化产品、机制以及服务等，建立健全的公共文化服务体系有助于提高社会文化的发展速度；也有不少学者认为：在行政公共服务体系中，公共文化服务占据着核心地位，公共服务体系建设的最终目的就是确保社会民众基本文化权益可以平等、全面的享有，为公共文化的快速、良性发展提供了有效保障等。

二、图书馆公共文化服务

图书馆作为公共文化服务的重要载体，主要依据社会公众的文化需求来设计公共文化服务内容，制定服务流程。图书馆的功能主要以系统资源的筹备、服务机制的设计、资源的筹集为基础，涵盖了知识、教育、技能、艺术等学科领域，以"公平、公正、共享"的原则为不同社会公众提供相同的文化服务内容，有效确保了公共文化服务的均衡性与全面性。图书馆公共文化服务是一种具有特色的社会服务，具有较高的专业性，对社会文化体系具有积极的补充作用，能够激发社会民众的公共文化体系建设的参与动能。[①]

三、服务渠道及服务渠道拓展

"渠"字，本义是指天然形成或后期由人为开凿的水流停积处；组成"渠道"一词，传统意义是指河、湖以及水库等水流停积处用来排灌而开挖的水道，现在则多引申为达到某种目的或实现特定目标所采用的方式、方法，门路或路径，我们常用的词组有营销渠道、销售渠道等。在公共文化服务领域中，则称为公共文化服务渠道，即在开展公共文化服务过程中，为了实现向公众提供公共文化服务的目的或为了提高图书馆公共文化服务效能所采取的

---

① 中国人大网. 中华人民共和国公共文化服务保障法. http://www.npc.gov.cn/zgrdw/npc/lfzt/rlyw/node_30114.htm.

服务路径，包含具体的服务形式、服务内容以及服务方法等。

服务渠道拓展是公共文化服务渠道的创新、加强或深化，既是指在原有服务渠道基础上对其进行功能和作用上的延伸，又指完全抛开原有服务渠道，创造出新的、能够提供更好服务的渠道。即在现有公共文化服务渠道无法满足现实需求的情况下，为更好实现公共文化服务这一目标，拓展、延伸或创新出的新的服务形式（如线下服务模式拓展为线上线下相结合的服务模式等）、内容（如开发网络文化直播、真人图书馆等新的服务项目）、方式或途径（如借助新媒体营销），也包括但不限于为了达到此目的所借助的外力和合作的主体（如发展多方合作、参与模式等）。

第二节　新公共管理理论及其启示

一、新公共管理理论的主要内容

新公共管理是 20 世纪七八十年代，以美国、英国等为代表的国家，面对国内政府行政效率低、官僚主义横行、管理体制僵化的恶劣行政局面进行的自我革命。新公共管理理论主张公共服务社会化、主体多元化、以顾客为导向、结果为本等理念，代表人物有戴维·奥斯本。新公共管理主要包含以下内容：（1）政府部门是公共管理的组织者与主导者，而并非是单一的执行者。政府部门在社会服务方面的生产能力和服务能力非常有限，应当采用公共服务转包的形式，与私营企业或机构达成代理关系，使更加专业的机构来胜任这项工作[①]。机制。（2）以企业管理的思维来制定管理，企业在日常管理方面具有较高的专业性，能够准确抓住市场需求变化特点，确保公共服务的准确性

---

① 金莲. 新公共管理理论与新公共服务理论对我国政府改革的启示 [J]. 企业研究, 2011（08）：132—134.

与全面性；（3）政府部门应当以客户的需求为导向；（4）在政府的供给管理中引入竞争机制；（5）建立健全的绩效评估机制，重视管理人员的工作绩效，评估公共服务的供给质量。公共文化服务也应当以满足客户需求为导向，在市场机制的规范下，引入市场竞争和管理理念，倡导参与主体多元化，将具有一定优势的社会资源有机整合起来，使公共文化服务效能在得到进一步的提升的同时，优化客户服务质量，提高顾客满意度[①]。

二、新公共管理理论对图书馆公共文化服务的启示

1. 采用新型管理模式

我国公共图书馆现行管理模式较为传统，存在管理权集中度高、范围广泛、管理路径单一、效能低下、沟通难度大、服务效能低下等问题，如果持续以这种模式开展公共服务，必将严重制约公共图书馆行业未来的发展。基于此，公共图书馆应及时转变管理思维，优化权限结构；适度放开对下级机构的约束和限制，科学划分不同部门和机构的职责；以提高管理效率和质量为核心，创新管理模式；积极整合各种优势资源，开发出具有特色化的公共文化服务内容，打造出富有特色的图书馆文化服务品牌。此外，还应树立以满足公众需求的发展理念，积极协调不同部门之间的工作衔接流程，优化员工工作内容，提高工作效率和质量。

2. 引入企业管理理念

在图书馆的管理方面引入企业管理理念，以企业的标准化管理、绩效管理、责任管理为参考，结合图书馆的管理需求，构建更加高效的内部管理体系，在激发员工工作动能的同时，规范员工的工作内容和工作流程，全面提高员工的工作效能，增强图书馆的市场竞争优势[②]。在以人为本的思想指导下，将规则机制与岗位责任制有机地结合起来，激活员工的工作意识，赋予

---

① 梅志罡. 新公共管理理论及其借鉴意义 [J]. 行政论坛，2006（01）：5—8.
② 杨小玲，肖希明. 新公共管理理论与图书馆管理 [J]. 图书与情报，2010（04）：26—29+34.

员工一定的自由权限，使其能够更加热情地开展各项工作。将公平公正作为竞争机制的建设准则，以激发员工工作效能，提高员工创新意识为目标，建立健全的绩效考评机制，让员工能够更加自主地管理自己，积极落实各项工作职能，保障工作质量，为读者提供更加优质的服务体验。

3. 弘扬市场经济观念

在商品化经济时代，公共图书馆虽然具备公益化属性，但其提供的公共文化服务也同样是市场中的一种商品。图书馆要想在当前社会获得良好的发展，就必须实施内部体制改革，转变管理理念，创新营销模式，拓展服务渠道，加大市场开拓力度，了解掌握读者的需求，及时调整好适应自己的文化产品项目，树立良好形象，赢得公众信任。

4. 重视人才培养

图书馆的公共文化服务水平与馆员的管理能力、服务能力、运营能力密切相关，综合能力较强的图书馆员是其重要的财富。当代合格的图书馆员应该拥有专业的计算机技术和信息技术；在业务方面具备较强的服务意识和沟通能力；在个人品德方面必须具备良好的文化素养与人格魅力。因此，要建立健全人才培育机制，依据不同员工的工作状况，为其制定具有针对性的培训活动，使员工的综合素质和工作能力不断提升。也只有加大对人才的管理力度，重视人才的培育工作，积极引进高新技术人才，才能不断优化图书馆服务效能，增强图书馆市场竞争能力，使其能够以更高的效率和质量为社会公众提供更好的服务。

第三节　新公共服务理论及其启示

一、新公共服务理论的主要内容

新公共服务理论是一种基于社会公众需求而产生的公共管理理论，保障社会公众的合法权益、保障社会的民主化、确保社会的公平性和争议性是其理论核心。"新公共服务"的概念起源于 20 世纪末期。美国学者保罗·莱特在其《新公共服务》一书中描述了新公共服务的主要特征，但并没有在社会上引发广泛关注。2000 年，美国著名行政学专家罗伯特·登哈特及其妻子共同发表了《新公共服务：服务，而不是掌舵》一文，2003 年发表同名专著，系统论述新公共服务理论，成为新公共服务学派的代表人物。新公共服务理论是在反思新公共管理理论中成长起来新的行政管理理论。不少学者在定义新公共服务理论的过程中指出，公共部门在日常工作中必须遵守以下原则[①]：一是以满足社会公众服务需求为目标；二是全面保障公众利益；三是以民主化思想来驱动行为；四是公民是唯一的服务对象；五是公务人员的责任具有多样化特征；六是管理者高度重视人的需求是否得到满足，而非是服务的供给量；七是公共服务的供给者应高度重视公民的合法权益。

　　新公共服务理论对社会公众的公共文化权益主体地位及功效进行了强调，更加侧重于满足普通群众享受公共文化的权利和服务对象的权益：一是政府部门应转变角色定位。公务人员应具备服务社会的主动性，将保障社会公众的合法权益，确保公共利益不受损害，促进社会的稳定与和谐作为服务的核心目标。信息时代的社会公众具有较高的民主意识，政府部门的角色定位应当由原来的政治角色逐渐转变为民主社会体制建设的参与者与引导者，从管制、管理向善治转变；二是公民应积极参与公共服务。在新公共服务理论的概念中，制定的公共政策基本都要通过社区工作机制和民主化机制得到落实。公民在参与社会治理的过程中对政府工作绩效的提高具有重要的促进作用。公民的参与能够对多方利益结构产生重要的调节作用，使公共政策的执行效率进一步提高。社会民众积极参与公共服务，有助于公共利益目标的达成。公民应具备较强的公共事务认知能力和参与意识，行政机关的工作人员应深化与社会公民在社会治理上的合作，使民主思想转化为实践。政府部门

---

　　① 罗伯特·登哈特、珍妮·登哈特. 新公共服务理论 [M]. 丁煌，译. 北京：中国人民大学出版社，2007.

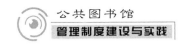

应采用多样性的方法引导民众参与公共事务，以提高公共事务的全面性。此外，新公共管理要求将市场需求作为推动政府落实各项政策的动力之源。

二、新公共服务理论对图书馆公共文化服务的启示

1. 以政府支持为基石

在新公共服务理论中，政府部门在思考公共服务问题时，应具备前瞻性与民主性的眼光，认为政府部门应当在制定公共服务决策之前，开展民主意识调查活动，并将民众利益纳入行政战略决策。在公共图书馆的建设方面，政府部门的支持程度决定了建设的质量与效率，只有将公共图书馆的建设任务纳入政府部门的发展规划中，才能为公共图书馆的发展创造更多的机遇，使其具备更强的社会服务能力。我国公共图书馆的建设离不开政府部门的政策支持和财政支持，各级地方政府在规划城市发展战略的过程中，应高度重视图书馆的社会服务功能，并基于战略眼光对公共图书馆的未来发展进行规划和设计，将其纳入城市文化体系建设的重要组成部分。进而在政策与物质上给予同步支持，在全面保障公共图书馆发展能力的基础上，使所有社会公众都能够平等地享受公共图书馆中的资源。

2. 以人为本理念为核心

新公共服务理论认为公民的文化需求催生了公共文化服务，政府部门在文化供给方面应高度重视对公共服务提供质量，对民众合法权益给予最大的安全保障。公共服务的核心价值主要体现在两个方面，其一是满足公众利益需求（在合理区间内），其二则是满足公众的公共服务需求。国内公共图书馆服务功能整体较少，我国政府在建设公共图书馆服务体系的过程中，应始终秉承"以人为本"的理念，高度重视民众的权利和利益。我国政府主要以社会公众的信息需求、学习需求、文化需求、服务需求为参考，为不同的公众提供针对性的服务；通过对公众需求特点的分析和研究，来判断和评估公众的文化喜好、学习偏好、作息规律等，进而来优化图书馆的文化服务结构，并从中选择符合

大众需求特点的内容，创新服务方式，建立完善的文化服务体系。总体而言，只有将满足公众需求放置在首要位置，才能有效确保服务的实效。

3. 以责任意识为保障

在新公共服务理论看来，责任意识尤为重要。服务机构的工作人员在遵守工作准则和法律法规的基础上，还应高度重视社会价值、公共服务准则、社会公众利益和职业道德，提倡工作人员具备较强的责任意识和道德观念。将这些理念应用在公共图书馆，能够使公共图书馆的馆员重视用户的需求，并将满足社会公众的文化需求作为服务的出发点。而要想做到这一点，公共图书馆的馆员就必须在任何环境下都能够保持良好的责任意识，勇于担当、不畏艰苦。此外，公共图书馆还应定期开展馆员职业培训服务和教育服务，通过加强馆员综合素养、技术能力以及职业发展能力，夯实图书馆员增强责任意识的能力基础。

第四节　拓展图书馆公共文化服务渠道拓展的可行性路径

一、图书馆 + 大数据管理——提升服务精度

在大数据时代背景下，大数据凭借其海量的资源存储、高效的数据分析以及精准的个性化识别等优势深入到生活的方方面面。公共图书馆在此背景下，完全可以借力大数据管理为读者、用户提供更为精细化、个性化的优质服务。图书馆与大数据管理的结合，必将改变图书馆传统的服务模式，带来管理上，甚至是理念上的创新。

一是精确管理海量资源。当前的传统资源搜索引擎已无法满足广大读者用户复杂、多元、庞大的信息检索。通过大数据管理，既有助于对图书进行归类整合，帮助读者快速、准确找到所需图书位置，同时也有利于对热门书籍进行分类管理，提升资源整合力度，提高书籍查询、借阅的效率；二是精

准分析用户需求。现实生活中，大数据对用户行为分析早已应用到淘宝购物、旅游出行等方面面，但在公共图书馆服务方面，应用较为不足。图书馆服务与大数据分析相结合，可以通过用户的阅读借阅习惯、信息浏览检索习惯等信息，及时分析、了解、掌握用户的兴趣点、关注点和实际需求，建立属于每个用户个人的信息体系，从而准确地为用户提供个性化、高匹配度的服务，甚至可以向用户主动推送其所需的信息；三是精细策划运营项目。公共图书馆管理中也会遇到决策不科学或调整不及时等情况。大数据分析可以以量化数据为依据，帮助图书馆在各个项目实施、管理过程中，对运营策略、资源配置等方面存在的不合理情况及时调整，使管理决策更加有针对性，有的放矢。

二、图书馆＋文旅融合——拓宽服务深度

文旅融合的时代背景，为我国公共文化发展和服务创造了新环境和新挑战。图书馆＋文旅融合的构想也为公共图书馆未来发展提供了新的机遇。当前，公共图书馆更应当与时俱进，积极思考、谋划文旅融合发展的新模式。在新的背景下，公共图书馆的服务不再局限于为旅游发展提供背景调查、资源开发、可行性分析等信息服务，而是可以依靠自身资源优势，向促进文旅融合的方向发展。当前，已有"阅读＋行走""图书馆＋酒店"等图书馆与文旅融合新模式的积极尝试，取得了良好的效果。未来，公共图书馆在文旅融合方面的发展也可以有以下几方面探索：一是打破物理空间限制，公共图书馆走进景区，成为景区的一部分。在景区内甚至微信图书馆，提供书籍借阅、资料查询、户外阅读等设备，提供文化旅游信息服务，延伸公共文化触角；二是打造"图书馆＋旅游资源"的新模式，形成全新的网红阅读空间，提高文化影响力。如推出"图书馆＋民宿"产品，以图书馆分馆的形式纳入公共图书馆管理体系，为民宿图书馆提供丰富的阅读资源，提升民宿的品位和文化温度；三是尝试图书馆和旅游研学相结合的新模式。公共图书馆可以根据所在地文化资源特色，开发文化旅游产品，通过亲子研学旅游、实习研学旅游等，

在旅游的同时，融入历史、地理、诗词等文化元素，寓教于乐，提高文化服务的含金量；四是积极参与文创产品开发。

三、图书馆＋区块链——强化服务信度

当前区块链的应用还较为有限，但不可否认，它已经不在局限于金融领域的应用而即将飞速成为众多行业的发展机遇。图书馆在公共文化服务领域更应当对新兴技术领域保持洞察力和敏感性。区块链的重要优势在于，它是一种非常安全、透明、不可篡改的数据库存储技术，它的数据集合中记载着每个节点和历史信息。区块链的可信任性使其在一定范围内可以解放出更多数据，从而释放出更大能量。未来，区块链的应用，将有可能推动图书馆服务的进一步升级。一方面，提升读者对图书馆的信任度。区块链的可追溯性特性使其数据质量和安全性都有了保障，如规避掉身份证信息、电话等个人信息在图书馆使用中遭到泄露的隐患，获取读者更大信任，从而增强与读者的互动，与读者建立更为和谐、信任的业务关系。另一方面，提高读者在图书馆运营活动中的参与度。如在图书馆馆藏资源建设中，基于区块链技术建立起来的用户与图书馆高度信任的关系，用户向图书馆推荐的书籍、数据库等急需购买资源，将安全、有效地传递给图书馆，从而得到快速、及时的反馈。同时，区块链能够将用户向图书馆发送需求、书籍荐购，完成购买，借阅使用并归还的整个过程和每个环节清楚记录，这种将性能将促进用户和图书馆建立良好的服务与被服务关系。这种良性循环也有助于更多用户积极、主动地加入图书馆资源建设中来，从而在更深层次上促进阅读的推广。

四、图书馆＋创客空间——重塑服务空间

图书馆＋创客空间，是在创新、共享、交流、协作等理念下，图书馆与社会力量合作，通过举办创客活动，培养参加者创新意识与动手能力，帮助

创客在自己的创意领域取得成功的深度社会服务。在我国"大众创业·万众创新"的时代背景下，图书馆＋创客空间为图书馆真正走向社会、走进社区提供难得的服务渠道。图书馆应当主动适应社会发展，成为社会迫切需要的资源共享、信息共享、创意共享，技术孵化以及创意空间。当前许多创业者的创业问题在于，自身所学知识无法与现实需求相匹配，或是在实际工作中自身创新能力不足。此时公共图书馆理应站出来为这些需要者提供利于创业创新发展的途径和空间。依托图书馆的文献资源优势和空间服务能力，创客空间极有可能打造一种新型的资源共享模式和创造模式，为社会培养创新型人才提供帮助。在实际操作过程中，图书馆应当注意：一是创客空间不能流于形式，而是应当结合实际办出特色；二是积极与社会力量协同创办，依靠社会力量获得更多的资金、技术等支持，以及为创意产品寻找出路；三是图书馆工作人员也要积极提升服务技能，主动参与到创客空间这一图书馆转型服务中来。

五、图书馆＋社区嵌入——成为社区锚

"锚"是船舶停靠的主要工具，把锚抛在水底就可以使船停稳。"社区锚"是社区和谐稳定的压舱石，科学健康发展的定盘针和助推器。不论从图书馆行业发展未来趋势，还是社区群体实际需求来看，公共图书馆在未来发展中，服务的重点和中心都应当在社区，其价值得到深刻发挥的场所也应是社区。只有深深嵌入社区，扎根社区，服务社区，才能在社区的经济、文化、社会的发展中成为不可或缺，无可替代的必备要素，成为"锚机构"。图书馆应当在社区公共文化服务中，延伸服务触角，拓展服务领域，真正发展成为社区的一部分：一是要关注融入社区。加强与社区居民沟通联络，动员、引导社区居民参与到图书馆服务中来。促进与社区居民的沟通与对话，增加与居民的感情和信任；二是要具备提供专业、可信的信息资源能力，与社区居民建立良好的互动关系，使居民在能够获得可靠的资源信息的同时，为图书馆提供及时、有效的反馈，反向促进服务的发展；三是成为社区的"赋能者"，为

社区居民提供切实所需的生活、生产技能，职业技能培训和就业服务支持。尤其是面对青少年、老年人、监狱和收容中心人员等特殊社群的时候，要更有针对性地对其提供信息服务等。总之，就是竭尽所能融入社区，使其发展成为稳定可靠、丰富包容、专业而又亲切的社区锚机构。

第五节　公共图书馆服务的人文关怀

公共图书馆所履行的职能以及扮演的角色越来越多元，为充分全面地满足社会大众的需求，应该积极践行以人为本的理念，充分全面地体现人文关怀，依托于科学全面的制度建设，更好地践行人文主义。

一、公共图书馆制度建设中人文关怀的重要性

在公共图书馆服务理念中，人文关怀是非常重要的理念。公共图书馆只有充分全面地贯彻落实人文理念，行之有效地秉持人文关怀，才能够切实提升服务水平，有效维系稳定而可靠的受众群体。为此，在公共图书馆的发展实践中，应该注重以制度建设来推动人文关怀的实施。

实践证明，行之有效地以制度来践行人文关怀，具有非常重要的现实意义。一方面，在公共图书馆履行职能，充分发挥服务作用时，必须多措并举，通过制度建设来践行人文关怀，以此来更好地彰显服务理念，不断拓展服务范围。另一方面，人文关怀是公共图书馆的生存之源。公共图书馆是为社会大众服务的，理应以社会大众的视角来开展管理以及服务，以此来更好地满足他们的多元化需求。可见，公共图书馆通过完善的制度建设来推动人文关怀的实施，能够更好地满足社会大众的需求，同时也能够全方位推动公共服务的创新和发展。特别是在信息时代，读者受众的信息素养不断提升，读者受

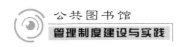

众越来越依赖于新媒体平台来开展信息搜索以及信息利用。公共图书馆只有通过制度建设来践行人文关怀，才能够为广大的社会公众提供系统全面的服务。

二、公共图书馆制度建设中人文关怀的贯彻落实

在公共图书馆的运营以及发展的过程中，读者受众才是服务主体以及公共图书馆的发展关键。为更好地满足读者受众的多元需求，提升公共图书馆的服务能力，应该依托于科学且健全的制度建设，全方位推动人文关怀的科学实施。

1. 积极构建完善的信息管理机制

伴随着信息技术的全面快速发展，读者受众的信息素养不断提升，他们在选择以及利用信息的过程中，越来越倾向于依赖新媒体平台来自主多元地搜集和整合信息。在公共图书馆的发展实践中，若不注重从制度层面来转变发展模式，创新管理机制，很容易流失稳定和可靠的受众群体。为此，公共图书馆应该积极完善信息化管理机制，不断创新信息化管理模式，多措并举，全方位优化和提升自身的信息化管理水平。特别是公共图书馆要注重加大软硬件方面的投入，要通过制度建设来确保信息化管理模型的搭建以及创设，积极主动地从传统的管理模式中挣脱出来，积极朝着信息化管理的方向转变和发展。实践证明，在公共图书馆创新发展的过程中，信息化管理机制的建设，正是以人为本的直接体现。依托于科学且创新的信息化管理体系，能够在很大程度上满足读者受众的多元需求，能够拉近读者受众与公共图书馆之间的关系，促使读者受众积极利用公共图书馆的信息资源来为自身服务，有效提升这部分信息资源的整体利用价值。

2. 积极构建科学的激励机制

公共图书馆应该着重优化内部管理，依托于科学且全面的激励机制，依托于完善且系统的人才激励体系，行之有效地提升广大馆员的工作积极性，充分全面地调动广大馆员的内在驱动力。在公共图书馆履行自身职能，充分发挥自身的服务角色的过程中，馆内人员始终扮演着关键性的角色。只有充

分全面地落实科学的激励机制，只有行之有效地提升馆员的岗位责任意识，促使他们自觉主动地优化自身的服务方式，积极转变服务理念，才能够更好地满足读者受众的需求。在人文关怀的过程中，以科学的激励机制，能够促使馆员始终立足于读者受众的需求，积极主动地为他们提供个性化、精准化的服务。

3. 充分完善科学的创新机制

在公共图书馆运营以及发展的过程中，为更好地践行人文关怀，充分全面地提升公共图书馆的整体发展质量，还应该积极推动创新机制的建设。

一直以来，公共图书馆在发展实践中，其发展模式存在着一定的滞后性，发展方式存在一定的落后性，这必然影响着它们的整体服务水平。为此，为充分全面地践行人文关怀，公共图书馆应该以科学全面的创新机制来不断规范和指导自身的业务工作。比如，为更好地整合读者受众的需求，为更好地满足他们的现实需求，公共图书馆应该巧妙采用大数据技术来进行信息整合，精准全面地分析与把握读者受众的阅读习惯、借阅行为等，继而更好地为他们提供完善系统的服务，更好地维系稳定且可靠的受众群体，整体优化公共图书馆的发展质量。

总之，为更好地践行人文关怀，公共图书馆必须注重从制度层面来进行以人为本的建设，必须注重从制度层面来进行人文关怀的实施，有效提升公共图书馆的整体发展水平。

第六节　公共图书馆网络信息服务

公共图书馆大多拥有自己的网站，这有利于用户了解图书馆资源信息，提高馆藏资源的利用率。公共图书馆利用本馆网站，提供馆藏资源提示、参考咨询服务、政府信息公开、数字资源利用、特色数据库检索等，使用户足不出户

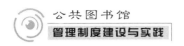

就可以利用公共图书馆的资源，并实现图书的预约、续借等，大大方便了用户。

一、提供各种文献资源的信息服务

公共图书馆给读者提供服务内容有图书、期刊、报纸等，还提供多种形式的资源，如国图提供的文献资源等。此外，公共图书馆还可利用多种服务方式进行多方位的服务。

二、举办各种活动开展多样化服务

公共图书馆通过举办讲座、展览、送书、读书日、座谈会、技能培训、知识竞赛等活动，拉近和用户的距离，给公众提供文化大餐，使公共图书馆不仅成为公众获取知识的宝库，还成为享受文化娱乐的场所。免费讲座多年来一直是用户喜闻乐见的服务形式。如上海公共图书馆讲座最为著名，内容非常丰富，为各行业专家学者主讲，其网站还提供网上视频。各种展览也是各个公共图书馆吸引公众的重要活动。"世界读书日""公共图书馆读书月"等活动也是公共图书馆每年举办的文化活动。如某图书馆特别重视面向用户的主动服务，常年为广大用户举办各种各样的活动，春节期间有帮助农民工的网上订票、文化年货带回家送书活动、读书音乐会、家长和图书馆做朋友、快乐电影迎新春、市收藏协会书法家送春联、迎春书画作品展、快乐读书知识问答、迎春灯谜等。

三、与用户互动交流推出主动服务

公共图书馆服务用户的宗旨不变，广大用户就成为公共图书馆的主人，增强互动交流才能使用户真正体会到公共图书馆是其知识智力的"书房"和休闲娱乐的"客厅"。公共图书馆通过读者座谈会、读者调查、读者荐书等，了解用户需求，有针对性地为用户服务。

如某公共图书馆通过举办读者座谈会、评选优秀读者、读者荐购、馆长信箱、小荷读书会、赠书芳名录、天禄讲坛等，贴近用户，不断改进服务，更好地服务大众，在当地已产生较大的社会影响。

四、提供高质量的网络信息服务

网络已成为用户生活中不可缺少的一项重要内容，那么网络服务就成为公共图书馆必要的服务方式和手段。网上资源极其庞杂，公共图书馆需要从中选择、整理、加工、分类等，以提供给用户服务，包括信息导航、文献检索、参考咨询、数字资源、特色数据库等，如国图网站提供学位论文、中外文期刊、中西文电子图书、中英文参考工具，及古籍、音视频、缩微资料、特色资源和地方馆资源供用户使用。其中，数字资源是网络服务的重中之重。现在很多公共图书馆已经完成了资源的数字化建设，如中国国家数字公共图书馆，自建中文图书数字资源，共收书二十六万余种。

第七节　公共图书馆读者档案管理

传统的公共图书馆管理不够细致严密，缺乏读者的档案管理，不能适应公共图书馆发展的需求。应当建立读者档案、了解读者需求、开展行之有效的读者服务工作，以及推动公共图书馆建设的工作迫在眉睫。

一、读者档案管理的意义

1. 读者档案管理是公共图书馆档案管理工作的重要内容

公共图书馆档案管理工作是公共图书馆发展过程中的原始记录，而读者

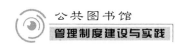

档案是公共图书馆业务档案的重要组成部分。建立读者档案，能丰富公共图书馆档案馆藏结构，为公共图书馆各项工作开展提供信息参考。

2. 读者档案管理是公共图书馆读者服务工作的有力支撑

读者对服务的需求是读者服务工作的重要信息来源。建立读者档案，能及时提取读者相关信息，为公共图书馆读者服工作提供有力支撑。

3. 读者档案管理是公共图书馆业务工作开展的参考依据

公共图书馆的文献资源建设工作需要建立读者档案，全面获取读者对文献的需求信息，能更有针对性地开展文献采访、编目等工作，优化馆藏结构。

4. 读者档案管理是公共图书馆提升工作效能的方式手段

建立读者诚信档案，既能有效进行公共图书馆图书资源管理，又能在读者借阅期间及时予以提醒读者，强化读者诚信意识；还能对馆员进行预警，对失信严重的读者控制其借阅情况，减少图书资源流失率和损毁率。

二、读者档案的研究现状

著者通过对万方、中国知网等数据库的调查统计发现，关于公共图书馆读者档案相关的研究成果相当少，公共图书馆读者档案研究成果更是屈指可数。由此可见，对于公共图书馆读者档案的研究十分必要。

三、读者档案的管理现状

读者档案的管理在大部分公共图书馆的读者服务工作中仍处于边缘地带，利用率极低，甚至相当一部分公共图书馆还没有建立专门的读者档案。

1. 读者档案内容单一

公共图书馆读者信息通常是通过借阅证、读者卡等办理来获取，而大部分公共图书馆读者档案也仅仅含有读者身份信息、兴趣爱好等内容，能从中提取的有用信息非常少。

2.读者档案保存不善

（1）读者档案散失严重

公共图书馆在开展读者服务的工作中，往往侧重读者活动等内容，忽略了作为基础的读者档案的管理。读者档案计算机管理和纸质档案管理没有实现一体化，读者档案保存不当，造成读者档案散失的现象屡见不鲜。

（2）读者档案隐私保护不力，信息收集不全

对公共图书馆来讲，涉密的文书档案、人事档案、财务档案等，都不希望被泄露。而一旦发生相关档案和信息的泄露，就会对公共图书馆造成不良影响。对个人来说，读者的基本资料、家庭关系，甚至嗜好等，都希望受到保护。公共图书馆希望为读者提供个性化服务，利用信息技术建立读者档案，需要对读者的相关信息进行提取分析统计，却没有指定专门的读者档案管理部门，没有制定读者档案保护制度，没有统一的保存方式，这就涉及读者隐私可能泄露，而读者也因有此担忧，导致信息填写不真实、不完整，以至于读者信息收集不全。

3.读者档案管理混乱

公共图书馆对读者档案的利用涉及读者服务、文献资源建设等工作，同时读者相关信息也将反映在参考咨询工作以及公共图书馆年报、年鉴等统计编纂工作上，因而大部分公共图书馆会出现多个部门多头管理的状况，没有指定专门的读者档案管理部门，造成管理混乱。

四、加强读者档案管理的可行性建议

1.制定读者档案管理制度

公共图书馆应制定相应的档案管理制度，指定部门安排专人统一管理读者档案，明确读者档案收集范围、分类方式、保存方式以及利用方式，规范读者档案管理工作。

2．多方收集丰富读者档案内容

（1）收集读者基本信息，建立读者基本信息档案

公共图书馆读者卡办理是收集读者信息的基本途径，主要是收集读者的身份信息等内容。在收集以上信息的同时，公共图书馆还应及时收集读者借阅信息，了解读者研究方向、兴趣爱好以及文献价值；收集参考咨询信息，了解读者咨询文献、服务需求等信息，并通过调查问卷等形式获取更多读者信息，丰富读者基本信息档案。

（2）收集读者借阅信息，建立读者诚信档案

公共图书馆作为传播知识、搭建文化桥梁的重要社会机构，与信用有着直接关系。读者借阅信息除了能为公共图书馆文献资源建设工作提供参考，还能真实反映读者借阅、归还情况。公共图书馆一般都有制定办证规则、读者借阅制度等，对读者办证要求、读者借阅期限、读者借阅数量等方面做了规定，对读者借阅注意事项如对图书、期刊的保护、利用，做了一定要求，读者借阅图书、期刊是否按要求时限归还、是否有借而不还、是否有借出后遗失并自行购书补充、是否在图书、期刊上随意勾画、是否有严重损毁图书行为等情况都能在借阅信息里反映，而这些情况正是读者诚信的表现。公共图书馆对读者诚信的管理往往采取较轻的说服教育、行政处罚等方式，不仅收效甚微，还易引起双方矛盾，不利于公共图书馆工作开展。

（3）收集读者意见信息，建立读者意见档案

读者对公共图书馆服务质量、图书资源情况的反馈意见是读者档案利用的重要内容。建立读者意见档案，通过对读者意见反馈信息的提取，对读者投诉问题的分析以及对读者意见的应答速度、方式和结果的经验借鉴，能更有效地开展好公共图书馆读者服务工作和文献资源建设工作。

（4）收集读者活动信息，建立读者活动档案

读者活动的开展是公共图书馆读者服务工作的重点。读者活动如讲座、培训、展览等方案的制定、参与的人群统计、读者活动中反映出的读者喜好、读者活动的照片和多媒体资料等都是开展读者活动过程中形成的档案。建立

读者活动档案，通过对过去读者活动情况分析，能为今后公共图书馆开展各类读者活动提供参考，能为更好地开展读者服务工作提供保障，为公共图书馆整体工作推进提供有益借鉴。

3. 建立特殊读者档案，加强特殊读者服务

公共图书馆在免费开放、零门槛无障碍进入之后，读者增多，各类特殊读者的需求也应纳入公共图书馆服务的重点，充分满足不同读者群体的文献和服务需求。

（1）建立残障读者档案

国内已经有许多公共图书馆引进现代化的视障、听障阅读设备，如盲人读书机、盲文点显器、助听器等，为视障、听障读者提供服务。然而，依然有一些公共图书馆存在服务缺失，如缺少专门的残障公共图书馆、残障通道、残障使用设施、上门服务等。建立残障读者档案，能深入了解残障读者需求，采购其需要的医疗、就业、盲文等图书资源，提供相应的培训，开展相关讲座，更好地为其提供服务，增加残障读者到馆率和借阅率。

（2）建立老年读者档案

老年读者在各级公共图书馆读者到馆的数量和频次上都占有相当大的比重。这部分读者有的是需要知识性的书籍，有的需要对医疗保健、生活常识等有所了解，有的是借此丰富日常生活，填补儿女不在身边的缺失。因此，对老年读者建立档案，以更贴心地开展文献查阅、知识讲座、放电影等服务项目，这样既使老年读者有温馨感，又是对公共图书馆工作的进一步细化与提升。

（3）建立农民工、下岗失业读者档案

2014 年，杭州公共图书馆因接纳拾荒者到馆阅读被赞为"最温暖的公共图书馆"火遍网络。许多外来务工者、下岗失业人员因经济条件、阅读能力的限制，有文化需求而无从读书的情况时有发生，公共图书馆的免费开放就为他们提供了便利。建立农民工、下岗失业读者的档案，能充分考虑其阅读能力、阅读需求，利用公共图书馆资源优势，配合社会保障部门，为其提供再教育、再培训服务。

（4）建立少儿读者档案

建立少儿读者档案，能更清楚地掌握少儿读者需求，为少儿图书的采购、少儿阅览设施设备的购置提供参考，同时也能为少儿读者提供一份成长档案，为其记录阅读的足迹，是家庭档案的重要部分。

（5）建立劳教、服刑读者档案

公共图书馆建立监狱分馆，定期为分馆送书、开展讲座等活动取得了良好的社会效益。建立劳教、服刑读者的档案，配合监狱进行再就业培训，进行心理疏导，为其提供精神食粮，能更有针对性地开展公共图书馆分馆服务工作。

4. 妥善保存读者档案，保证读者档案真实完整

（1）保护读者隐私

公共图书馆通过相应制度对读者档案的保存和利用进行统一规定，有效保护读者隐私，建立与读者之间的信任关系，能更完整地获取读者的真实档案。

（2）读者档案保存完整

公共图书馆应适时购置读者档案相应的保管设施设备，对不同载体的读者档案、不同类别的读者档案进行分类保存，确保读者档案的完整性和系统性。

5. 加强读者档案开发利用

（1）提升公共图书馆馆员素质，提高业务水平，直接关系到读者档案的利用。提高公共图书馆馆员的读者档案意识，培养收集、整理、鉴定读者档案的业务能力，并通过馆员对读者档案及时地进行统计分析、开发利用，获取各类读者的文献需求、服务需求，采购、收集满足读者需求的图书文献，能更加完善公共图书馆馆藏文献结构，优化公共图书馆读者服务工作。

（2）加强移动公共图书馆读者档案开发，服务公共图书馆建设

移动公共图书馆是公共图书馆发展读者服务的一大趋势。相当一部分读者因为时间、地域等限制不能到馆阅读，移动公共图书馆便可为其提供此类读者提供服务，让其在任何时间、任何地点都能受到移动公共图书馆的服务。同时，公共图书馆也能了解自己的服务情况，了解读者对移动公共图书馆的

需求，建立移动客户端公共图书馆 App，为更多的读者提供服务。另外，对注册移动公共图书馆用户的读者，及时跟进读者档案，从中获取读者图书检索信息，从而判断读者的书籍的偏好情况，有的放矢地引进更多读者需要的电子图书，优化移动公共图书馆馆藏结构；同时，也可以根据读者需求进行书籍推送服务，为网络读者提供便捷贴心的服务，利用公共图书馆的另一部分人群是作者。作者可根据移动公共图书馆图书的点击率、收藏率等判断读者需求，以写出更多读者喜好的书。因而，公共图书馆也为读者和作者搭建了桥梁，创造更多社会效益和经济效益。

总之，读者档案是读者利用公共图书馆阅读的完整记录，间接反映了公共图书馆的服务质量。加强读者档案管理，除了要重视建档、保存和利用之外，还要注重读者档案管理工作开展的延续性和系统性，既做到单个读者档案的完整，也要保证读者档案每一个类别的完整和系统。通过对读者档案的有效管理，开展特色的读者服务工作，将大大提高公共图书馆的服务水平。

第八节　公共图书馆的数据挖掘

数据挖掘技术，就是从数量庞大、随机、不完整的数据中，使用特定算法抽取事先未知的、具有潜在价值的规则与信息。公共图书馆利用数据挖掘技术，会使图书馆工作更有针对性，对图书馆管理会更科学，对读者服务会更精准。

一、数据挖掘在公共图书馆管理中的作用

1. 数据挖掘促进了教育功能有效性的提高

数据挖掘在公共图书馆管理工作中的应用促进了教育功能有效性的提高。

知识经济时代，需要的是复合型人才，人才教育不再局限于知识量的教育，对于创新思维能力的培养逐渐受到重视。对于公共图书馆的读者来说，到图书馆阅读学习重点有着多元化的趋向。例如，在校学生到图书馆阅读是为了获取专业知识；而对于就业之后的读者来说，更多的是为了职业资格的考试。公共图书馆作为读者学习阅读的理想场所之一，如何满足读者的不同阅读需求是管理人员所必须考虑的问题。而通过数据挖掘技术的使用，对读者需求的预测更加准确，还可以为文字订阅等提供指导，为相关工作人员提供数据参考。通过数据挖掘，可以加强对用户信息表和借阅历史表的分析，从而制定出书目决策表，对于公共图书馆的馆藏建设有着很大的帮助。

不管是公共公益性信息服务还是产业公益性信息服务，都可以运用数据挖掘的方式，实现信息服务功能的优化升级。通过数据挖掘，可以建立起动态归类标准，定量描述，划分出不同层次不同类别，提高文献聚类的多层次性。而且数据挖掘技术的应用，一般不需要事先进行信息的分类，根据实际需要选择情报门槛值就可以实现信息的归类。而通过归类的分析再处理就可以实现信息的多样性，突破了传统情报分类的局限性，满足信息功能服务的更多需求。

2. 方便了图书文献的采购管理

数据挖掘在公共图书馆管理工作中的应用方便了图书文献的采购管理。通常情况下，公共图书馆采购策略以热门书籍优先，对书籍的重要性关注不多，导致了热门书目过多、非热门重要的书十分缺乏，公共图书馆的馆藏结构失衡。而数据挖掘技术可以利用种群进化来进行书籍的主动寻优，方便图书文献的采购，促进馆藏结构的科学性的提高。

二、数据挖掘在公共图书馆管理工作中的应用策略

1. 加强专业人才的引进

加强专业人才的引进是数据挖掘在公共图书馆管理工作中应用的重要前

提。首先，公共图书馆应对馆员定期培训，邀请相关专家、学者，来进行针对性的授课，提高馆员的大数据认识与技术水平。其次，要提高专业人才的引进标准，加强对引进人才的大数据管理素质考核，以从根本上提高人才的大数据管理能力，为公共图书馆的数据挖掘管理奠定基础。最后，还要注意管理层以及馆员人文情怀的提高，以增强阅读服务的人性化程度，防止权力与资本的数据资源的渗透和控制，促进公共服务功能的最大化发挥。可以说，人才引进是提高数据挖掘在公共图书馆管理工作中应用效果的首要问题。

2. 完善相关的管理制度

完善相关的管理制度是数据挖掘在公共图书馆管理工作中应用的重要保障。完善相关的管理制度，是提高馆员服务意识和水平的重要举措。公共图书馆要加强馆员素质的管理，加强监督与激励。例如，对不积极、不热情或是经常出现失误的馆员，相关管理人员要加强要教育或进行一定的惩治；对于服务周到、热情，工作积极向上、表现优异的馆员，要积极给予鼓励与奖励。严格地落实好岗位责任制，才能进一步完善管理制度，提高服务水平。

3. 提高数据整合的能力

提高数据整合的能力是数据挖掘在公共图书馆管理工作中应用的重要基础。首先，公共图书馆要购买先进设备。加强与现有资源的结合，加强对设备性价比的考察，为数据挖掘与共享打下基础。其次，要加强与省市级的公共图书馆的配合，通过优势整合，建立起云存储平台，实现资源的共享与存储量的增加，减轻了大数据挖掘的资金压力。公共图书馆要定期进行数据信息以及设备的维护，保障资源和信息的安全。

4. 准确分析用户的需求

准确分析用户的需求是提高数据挖掘在公共图书馆管理工作中应用效果的关键。首先，相关管理人员需加强用户需求信息的鉴别能力，为数据信息的真实性与准确性提供保证。其次，相关人员要具有大数据信息的处理能力，进行收集信息的处理与分析。例如，通过图书的借阅次数的科学分析就可以看出读者的阅读需求，了解到受欢迎的书籍类型，进行公共图书馆藏书模式

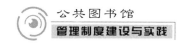
的调整，促进公共图书馆服务质量的提高。最后，还要注意加强公共图书馆外的市场调查，与时俱进，加强新型书籍的引进，满足读者全新的需求。

5. 做好信息架构的优化

做好信息架构的优化是数据挖掘在公共图书馆管理工作中应用的核心环节。首先，公共图书馆要对自身数据进行挖掘与分析，补充读者需求文献，调整文献购置比例。其次，公共图书馆还要注意数据挖掘技术的应用，加强互联网的文档搜集、整理以及内容筛选。充实公共图书馆信息资源内容，减少不必要的经费支出，加强电子信息资源的补充。最后，公共图书馆还可以应用数据挖掘技术进行电子文献的有序管理。例如，通过电子挖掘技术文本数据的管理，可以进行资源的查找、分类以及整理，减少人工操作成本，促进公共图书馆资源管理的电子化。

综上所述，数据挖掘促进了公共图书馆教育功能有效性的提高、实现了信息服务功能的优化、方便了图书文献的采购管理，对公共图书馆管理工作的改革创新有着重要的推动作用。

第九节　公共图书馆志愿者服务的组织与管理

公共图书馆志愿者服务，对促进公共图书馆事业的发展具有重要意义，如何培养好、管理好、利用好这支队伍，值得公共图书馆管理者思考和实践。

一、公共图书馆引入志愿者服务的意义

将志愿者服务引入公共图书馆，对我国志愿者服务的持续发展和提升服务水平有很大的促进作用。

1. 大力倡导和弘扬奉献精神，扩大公共图书馆对公众的影响力。公共图

书馆是一所面向全社会开展社会教育的重要单位。随着书香社会、文化城市等理念的提出，越来越多的人喜欢读书，喜欢到公共图书馆去。引入志愿者服务，既弘扬了志愿者的无私奉献精神，又宣传了公共图书馆。

2. 引进志愿服务，可以有效缓解公共图书馆人力不足的困境。据调查，我国大部分公共图书馆由于地方政府重视不够和编制的限制，馆员普遍偏少、年龄偏大、文化程度低，有些县级馆人员仅四五人，平均年龄在 45 岁。有些馆通过低薪聘用社会闲散人员来缓解馆员不足的问题。近年来，随着公共图书馆免费开放，不同领域、不同技能的志愿者，是解决公共图书馆人员缺失和不足的可行途径和有效办法。

3. 为志愿者提供了一个良好的平台。公共图书馆是社会公益事业，它的性质和特点决定了图书馆适合成为志愿服务的长期项目，也为社会公众提供了一种参与公共图书馆服务与管理的最好方式。志愿者通过公共图书馆这个平台，发挥了自己的才干，体现了自己的价值，同时又给自己提供了锻炼和展示的机会，对社会公益事业更充满热情。

4. 为公共图书馆注入新的活力，让公共图书馆服务成为亮点。志愿者服务是社会公众参与公共图书馆服务与管理的非常好的方式。长期以来，公共图书馆的社会认知度都较低，在公众心目中的地位很低。公共图书馆引入志愿者服务机制，就是对公共图书馆很好的宣传，必将引导公众积极参与公共图书馆建设和管理，依靠各界力量提高公共图书馆的社会认知度。志愿者参与的公共图书馆工作，多在服务窗口，他们整理书刊、接待读者、解答咨询、指导阅读，耐心、细致、热情、周到的服务态度展示了图书馆良好的形象，给读者留下了深刻的印象，更值得公共图书馆的员工学习。公共图书馆志愿者除了参与公共图书馆的公益性活动、协助馆员完成常规性工作、为特殊群体读者服务外，还能发挥各自的优势和特长，为公共图书馆的建设和发展筹募基金、募捐文献、出谋划策等。

5. 虽然公共图书馆的服务质量虽然有了很大的提高，但还是不够理想，尤其是边远地区的公共图书馆，服务态度、服务质量还存在着不少问题。"以人为本"本是公共图书馆应该坚持的服务宗旨,但长期简单、重复的传统服务,使得部分公共图书馆工作人员漠视"读者第一"的服务理念,服务态度生硬。而志愿者服务活动,就可以解决服务质量方面的问题。一方面,志愿者在志愿服务中能及时发现图书馆工作的不足,搜集读者的意见,反映读者的呼声,并将这些意见和建议反馈给公共图书馆,公共图书馆可加以改进,不断充实馆藏、调整工作、完善服务,充分满足读者需求;另一方面,志愿者作为公共图书馆的"管理者",通过志愿服务活动,能够体会公共图书馆工作的烦琐与辛苦,使更多的人理解和尊重公共图书馆工作人员的劳动,有助于构建公共图书馆与读者之间和谐融洽的关系,不断提升公共图书馆的服务质量。

二、公共图书馆志愿者服务工作存在的问题

1. 制度建设不完善,志愿者服务难以开展

虽然近年来国内少数公共图书馆制定了本馆志愿者服务管理办法,但是绝大部分公共图书馆志愿者服务缺乏有效的制度保障,操作不规范、随意性强,难以管理、不好留人,工作开展困难重重。

2. 日常管理不科学,志愿者服务难以规范

大多数公共图书馆的志愿者服务集中在窗口部门工作,而志愿者的招募、培训和管理也大都采取"各自为政"的现象,即各窗口分散招募,有的进行简单培训,有的直接开展工作,没有统一的志愿者管理部门或者专职的人员来管理和负责志愿者服务工作。随着公共图书馆志愿者服务机制的引入和服务项目的增多,志愿者队伍的日益壮大,没有统一管理的志愿者服务管理,就会出现志愿者的招募、登记、注册和分类不统一,志愿者资源得不到整合和共享、着装和标识不统一等问题,直接影响着志愿者服务工作的质量和志愿者的工作热情。

3. 服务项目不丰富,志愿者资源浪费严重

大部分公共图书馆志愿者服务分布在图书整理、秩序管理、公益性活动、

读者引导等基础性、常规性项目上。对于招募的综合素质高、服务能力强的志愿者来说，馆内没有为他们提供专业要求比较高的特色服务和深层次服务，严重挫伤了志愿者们的工作积极性，浪费了志愿者资源。

4. 团队建设不规范，志愿者整体素质有待提高

公共图书馆大都存在着在馆内动员读者加入志愿者队伍并参加活动，很少在本地民众中广泛吸纳各方人士积极参与本馆志愿者服务工作，造成审查不严或者"来者不拒"，志愿者的来源单一、数量不多，无法招募到多专业、宽领域的高水平的志愿者。同时，对招募到的志愿者岗前培训工作重视不够，有的只是进行简单分工后直接上岗开展服务工作，有的只进行形式单一的目标岗位培训，大多数没有进行综合系统的培训，无法达到提升志愿者素质和提高服务质量的目的。

5. 激励机制不健全，志愿者队伍不稳定

一些公共图书馆对志愿者的激励机制不健全，志愿者本身也没有特别诉求，有的是通过参加志愿者活动来锻炼自己。而大多数公共图书馆采用的激励措施比较落后，跟不上时代的发展，导致志愿者队伍松散，难以管理。因此，做好公共图书馆志愿者服务与管理工作，是稳定志愿者队伍的必需。

三、公共图书馆志愿者管理的措施

1. 做好志愿者的招募工作

要做好志愿者的招募工作，首先，公共图书馆应设立专门部门由专门人员负责志愿者的招募工作，制定相关的章程和制度，把志愿者工作的每一个细节和流程都落实到实际工作上。其次，要通过报纸、电台、网络等多种媒体做好志愿者招募的宣传工作。再次，在招募工作中采取面试、笔试相结合、分类招募的方式进行。对一般志愿者，一方面要考察他们对公共图书馆服务工作的热情和持久性，另一方面要考察他们的知识水平、文化素养、沟通能力等。对专业人员的招募，要考察他们各自的专长以及为公共图书馆服务的连续性，不能想来就来想走就走。最后，对已招募好的志愿者，要登记造册、建立档案，为后期的培训、考核、奖励打好基础。把好了招募关，规范了招募程序，就在一定程度上保证了志愿者队伍的质量。

2.注重对志愿者的培训工作，建立健全志愿者队伍的培训制度

招募工作结束后，要对志愿者进行培训。培训的内容可分三方面进行：一是相关法律法规等内容的培训。二是有关公共图书馆业务知识的培训，主要内容有：(1)公共图书馆的基本概况、服务功能、服务项目；(2)公共图书馆的规章制度、劳动纪律；(3)具体工作流程和步骤。三是文明礼仪方面的培训。通过培训，让志愿者对自己所承担的工作和所负的责任有所了解。培训方式可灵活多样，既有集中培训，又有服务前和服务中的跟踪培训，还可采取授课和岗位实习相结合的方式进行，寓教于乐，务求实效。有条件的地方可建立志愿者培训基地，通过多种多样的培训方式，不断提高志愿者的素质，更好地为公共图书馆、为读者服务。

3.设立志愿者管理组织，规范志愿者的管理

公共图书馆志愿者的引入关键在服务，重在管理。任何一项工作都需要健全完善的规章制度做保障。因此，建立健全完整的制度是志愿者服务工作的重中之重。按其年龄、特长、服务意愿等分门别类地建立档案，并随时更新信息，这样才能在开展服务时因人而异、充分利用好志愿者这一宝贵财富。

4.完善志愿者激励机制，稳定志愿者队伍

利用激励机制留住志愿者，是公共图书馆在志愿者服务工作的一项长期而艰巨的任务。公共图书馆要为志愿者提供能发挥最大能力的工作岗位，使志愿者在服务岗位上最大化地实现个人价值；认真探索，健全各项规章制度，建立长效机制，管理好、利用好这一社会资源，为公共图书馆的发展注入新的活力。

要建立多层次、多形式的志愿者表彰奖励制度，利用激励机制稳定志愿者队伍，留住志愿者热情。如：公共图书馆可以给志愿者制作"志愿服务证书"，把他们的名字、服务时长、服务内容等登载在本馆的宣传栏或者杂志上，对优秀的志愿团队或个人进行表彰与奖励，为他们颁发荣誉证书、赠送纪念品，并让荣誉和奖励成为志愿者求职、晋升、信贷等的重要依据。

5. 丰富志愿者服务内容，充分发挥志愿者的积极性

志愿者参与的公共图书馆工作一般是书刊整理，书库、阅览室管理，帮助读者查找图书、解答咨询，维持公共图书馆内文明秩序，劝阻不文明行为、接待参观等一些基础常规项目，这些工作简单、机械，容易熟悉。随着志愿者素质的不断提高，公共图书馆应不断丰富、拓展服务的内容，根据志愿者优势专长发掘多层次有特色的服务项目，如让懂计算机技术的志愿者参与公共图书馆的技术维护，发挥他们的自身特长。要充分发挥专家团队的作用，派他们去农家书屋、职工书屋、社区书屋等基层单位，对图书管理工作者进行业务知识和技能的培训，不断提高书屋的管理水平和服务水平。同时，避免公共图书馆提供志愿服务的模式死板固定，要结合实际安排长期固定岗、阶段性服务岗、临时服务岗、随机服务岗等岗位。

公共图书馆招募志愿者的最终目的是协助本馆为读者提供更多更好的服务，而志愿者的初衷也是帮助公共图书馆更好地服务读者。由于公共图书馆招募的志愿者来自各行各业，每个人学历、年龄、工作经验各有不同，要求公共图书馆结合馆情和志愿者的情况，在图书管理、读者咨询等传统服务项目的基础上，开辟参考咨询、维护借阅秩序、筹措资金、募捐文献等更多更新的服务项目，既让志愿者有新鲜感，又为志愿者创造施展才能的机会，使志愿者、公共图书馆、读者实现共赢。

6. 建立完善的志愿者考核制度，让志愿者管理工作有章可循

绩效考核是志愿者服务工作一个必不可少的环节。对志愿者的工作进行量化绩效考核与综合评估，考核内容一般包括出勤、工作绩效、工作技能、服务态度等几方面。实行志愿者淘汰机制，对工作不力的志愿者，应予以辞退。通过严格又切实可行的考核制度，让志愿者明确自己的权利与义务，引导他们规范自己的行为，确保他们以满腔的热情和认真的工作态度投入公共图书馆的服务工作。

公共图书馆志愿者服务队伍的建设目前虽取得了一些成效，但还存在不少问题，需要不断地摸索与完善。开展志愿者服务，对公共图书馆志愿者队伍的建设，不但加大了读者对公共图书馆的了解，增强了公共图书馆的活力，提升了公民素质，更促进了全民阅读的推广和公共图书馆事业的健康、蓬勃发展。

第十节　公共图书馆服务创新

信息时代，对公共图书馆服务提出了新的挑战和要求。公共图书馆应该顺应形势发展，勇于革新，采取一系列改进措施，不断提高服务水平。

一、公共图书馆服务型创新的内容

公共图书馆服务创新的内容，是指公共图书馆在为社会提供公共文化服务时，根据自身实际情况提高服务质量，同时，扩大自身服务范围的宽度和广度。

公共图书馆在事业稳步发展的同时，担负的责任也越来越重大，这就要求其社会文化职能发挥到最大，让读者从公共图书馆的社会文化服务中得到新的知识技术更新，并建立起自身的服务优势。服务创新从一定程度上来说是连接读者和公共图书馆的纽带，是读者和公共图书馆相互沟通交流的桥梁。只有良好的服务态度才能为读者提供方便快捷、简单有效的高质量服务。公共图书馆和读者之间要及时进行信息的沟通和互动，这是满足读者需求、提高公共图书馆服务质量的保障。读者适时地反馈信息，还能在一定程度上起到监督和促进公共图书馆服务创新实际行动。

公共图书馆想要在社会文化建设中确立自己的服务对象，就必须有整体优势和竞争力，就一定要改变传统管理和服务理念，利用自身的资源优势，积极寻找公共图书馆服务创新的模式，以良好的服务质量得到更多读者的认可。只有这样，才能将公共图书馆的服务和创新提高到一个新的高度。

二、公共图书馆服务创新对策

市场信息千变万化，读者需求层出不穷，公共图书馆应该根据市场化和读者的实际需求制定服务创新的方向和发展基础，甄别现有的信息和服务制度，寻求符合自身实际情况的市场和资源，进行及时有效的市场营销和信息收集、市场分析等工作，要形成服务创新的新理念和制定合适的制度，选择新的服务模式，要加快各个方面发展创新进度，充分合理利用公共图书馆的资源信息，发挥自身的特有优势，将馆内的体制改革和机构重组，将服务型、人性化等具有创新精神的特殊服务融入管理制度中，增强对读者需求的反馈能力，充分发挥公共图书馆的根本职能，提高竞争力。

1. 技术的创新

公共图书馆的发展离不开信息技术。信息技术的运用不仅对于公共图书馆在信息整理和传播上有着重要意义，还决定着公共图书馆今后的发展方向。当前最主要的问题就是及时地引进先进的技术，快速地运用信息技术，并使先进的信息技术在公共图书馆服务创新中有所体现。同时，根据现有的资源建设网络信息平台，合理利用快捷方便的网络资源，充分发挥数字化资源技术、存储技术等一系列现代化数字技术，为公共图书馆服务创新提供先进的信息技术支持，稳健地将公共图书馆发展为信息共享的网络平台，建立起网络资源交流的平台，使图书资源通过网络化的管理，使资源的交流更加快速、便捷，通过专业的网络书籍管理系统，更好地发挥其自身职能。

2. 服务的创新

公共图书馆要从根本上得以改变，就要由资源型向服务型转化，就必须在服务创新和管理制度上有所完善，根据读者的需求，将服务的重点从信息管理转移到知识服务的层面，建立专题信息的用户管理模式，改善服务环境，并且要有读者的信息化素质教育，增强图书馆对读者阅读的引导作用。

数字化、网络化时代，公共图书馆应该把有用的信息通过平台、网络等各种渠道呈现给需要的读者，创建新形式、新途径多样化的服务体系，让读者无论何时何地都能阅读到公共图书馆中有用的信息，享受到馆员提供的优质服务，使公共图书馆服务创新更适合社会发展的需求。

3. 制度的创新

公共图书馆要建立与读者之间良好的信息交流通道，增强公共图书馆和读者之间相互沟通。要建立完善并不断创新读者服务满意调查机制，从调查反馈表中充分了解读者需求，适时根据实际反馈服务创新具体内容加以改善和调整，增强服务的有效性，为特殊的读者提供相应的服务需求，要以读者需求为中心，不断提高服务质量和水平。

公共图书馆作为社会文化的服务性组织，不仅提供给读者科学技术和文化知识，还体现了社会的精神文化面貌，促进社会主义精神文化建设。公共图书馆要想得到进一步的发展，就必须有良好的服务创新意识。

第七章　公共图书馆经费管理

如何将《公共图书馆法》中关于经费保障方面的"加大""及时、足额"的规定具体化、制度化、长效化，是目前公共图书馆经费投入保障制度建设的核心问题。因此要制定公共图书馆经费投入主体责任制度、经费投入结构制度、经费投入数量制度、经费投入增长比例制度、经费使用监督制度等，形成公共图书馆基本经费来源与投入长效化的保障制度。同时，由于公共图书馆治理过程中社会力量和社会资本的参与，公共图书馆经费来源多样化，还要制定社会资本融入公共图书馆经费的制度，对这部分经费的引入、使用、监督等进行规范管理。

从公共图书馆建设和发展来说，事业越发展，会计越重要。随着公共图书馆事业的发展，财务管理与运作在整个工作和活动中的位置及作用就显得尤为重要，因为它不再是一个孤立的系统，它几乎渗透到公共图书馆所有管理领域和工作内容之中，贯穿于公共图书馆人、财、物的运作之中，推动、调节和保证公共图书馆各项工作卓有成效地开展。公共图书馆的财务部门如果不加强财务管理，即使有了现代化的馆舍和现代化的设备、技术，也无法保持并扩大已实现的服务质量和服务效果。因此，只有开拓创新、精心谋划、努力探索，才能使公共图书馆事业再上新的台阶，切实提高公共图书馆管理水平和效能。

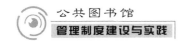

第一节　公共图书馆内控管理

当前社会飞速发展，公共图书馆规模不断壮大，逐步使公众的精神需求得到满足。与此同时，馆内内控管理需求也随之提升。与一般企业不同，公共图书馆的经营风险微乎其微，导致内部管理意识淡薄，信息化水平较低，人员素质有较大提升空间，需要管理者站在财务视角采取相应措施，营造良好的内控环境，以健全的内控制度约束行为，提高经营管理水平，促进公共图书馆公益性发展。

一、公共图书馆内控工作常见问题

1. 内控意识淡薄

相对来说，公共图书馆作为事业单位不存在生存风险，无须考虑员工薪酬问题，导致部分管理者的内控意识淡薄，认为内控制度适用于企业，与事业单位无关。对此，馆内内控制度制定与实施很少受到领导的重视，受高层管理者思想认知因素影响，财务审计工作常常无法依规开展，只能硬性按照上级意愿开展工作，整个内控工作不够科学专业，对财务视角下公共图书馆内控作用的发挥造成严重限制。

2. 内控信息化水平较低

内控管理要确保信息准确及时。当前一些公共图书馆虽然应用了内控管理类软件，但仍然沿用传统内控手段，难以符合管理软件信息化要求，阻碍信息职能发挥，内控管理平台无法准确地为馆内领导层提供服务，导致内控管理浮于表面。此外，在计算机技术飞速发展下，内控管理平台不断发展，馆内系统软件数量和种类不断增加，但大部分软件间缺乏联系，数据间相互独立、共享性较差，在很大程度上阻碍了信息交互传递，不利于内控信息化控制效率提升。

3. 人员素质有待提升

当前公共图书馆大多使用传统审计手段开展经济活动，从业者的技能水平与信息素养有待提升，未能熟练利用现代技术审计相关财务数据，导致审计结果不够真实可靠。同时，馆内财务人员未定期参与专业的内控培训，知识体系长期得不到更新，审计技能与专业水平有限，在内控管理中无法发挥专业优势提高审计效果，极大地阻碍了图书馆正常运营发展。

二、公共图书馆内部控制的有效措施

1. 树立内控意识，营造内控环境

要想提高内控管理效率，先要在思想认知层面正确看待。馆内领导者应发挥模范作用，带头树立内控管理意识，积极营造良好的内控环境，上行下效，给广大员工的思想认知与工作方式带来影响，促进内控管理工作在全馆范围内贯彻落实。通常情况下，公共图书馆的内控环境可分为内源与外源两种。内源环境是与公共图书馆内控存在直接关联的部门，如人事、组织与审计等部门。馆内领导者带头将内控管理工作落实到各个环节中，以身作则，主动学习内控相关管理知识，可督促和指导内控工作开展落实。同时，领导者还应将内控作为长期管理目标，建立健全相应管理制度，将制度分配到具体部门与人员手中，定期抽查各部门内控开展情况，针对存在问题采取有效解决措施。

2. 创建内控平台，完善内控制度

（1）建立内控管理平台。公共图书馆可积极创建内控管理平台，充分发挥信息化系统化繁为简的功能，将其应用到内控管理中，使财务管理行为得以规范，避免人为因素对内控效果产生的负面影响。将内控信息录入系统中便可对每笔经济账目进行动态监控，促进资金利用率提升。

（2）健全预算内控制度。在馆内经营期间，财务人员应对超出预定数额项目与额度进行专项预算，使每个部门都充分发挥自身职能，针对各项活动开展的费用做出专项研究。例如，公共图书馆可定期邀请专家为市民开办免

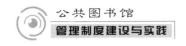

费的公益讲座。

（3）完善内控考核制度。公共图书馆应创建内控考核机制，结合相关部门日常绩效考核，将员工对内控管理作出的贡献为指标。根据内控考核时间定期分析反馈，经过综合评估后将其作为年终奖标准，与职位晋升、福利发放相挂钩，对有突出贡献的员工给予奖励，激发员工积极性，使其全心全意地投入工作，为社会大众提供服务。

3. 合理设置岗位，提高人员素质

财务人员是内控管理的中坚力量。馆内在任免内控管理者时应对人员综合素质进行严格审核，这也是内控开展的前提与基础。同时，馆内在选拔财务人员时将会计从业资格证作为基本条件，考察从业者作为"财务人"的业务水平与职业道德，使其能够严格按照原则办事，禁止由领导层兼任，确保该项工作公正客观地开展。在职能部门与岗位设置中，应根据公共图书馆业务情况合理设置相应岗位，并明确划分各项职责。相互监督，形成科学高效的制衡管理机制。同时，公共图书馆还应定期邀请财务从业者或者权威人士到场，对财务人员开展培训教育活动，加强财务者内控意识，从根本上促进内控作用与价值发挥。

总之，公共图书馆财务人员可通过树立内控意识、创建内控平台、加强人员培训等方式，弥补内控意识、内控信息化水平与人员素质等方面的问题，在团队共同努力与先进技术支持下，吸取借鉴企业内控管理的成功经验，使公共图书馆内控建设更加科学高效，为广大群众提供更好的公益服务。

第二节　公共图书馆货币内部控制

货币资金是公共图书馆内部控制的重要内容，随着公务卡制度、自助柜面系统等一系列新的支付方式的推广运用，货币资金成为公共图书馆内部控制的重要环节。但是由于与内控制度相关的细则及其解释出台较晚、公共图书馆自身业务日益多元化等原因，我国公共图书馆内部控制建设仍处于初步探索阶段，货币资金也需进一步加强，以保证国有资产安全，提升服务质量，充分发挥其文化教育服务功能。

一、公共图书馆货币资金内部控制的关键点

从货币资金流向角度看，公共图书馆货币资金内部控制的关键点贯穿于资金的收款、保管、支付、支付后环节。

1. 货币资金收款环节内部控制的关键点在于收款有据、收款及时

收款有据主要包含两方面的含义。一方面，收款有据，是指公共图书馆作为公益一类事业单位，不能乱收费，所有收款都应该合法合规有依据。例如，现在公共图书馆都对公众提供停车场地服务，可以收取一定费用，但一定要合法合规，取得相应许可，执行相应的收费标准。另一方面，收款有据，是指公共图书馆收取了款项，要及时开具合法合规票据，不能只收钱不开票，也不能以收条抵票据。

收款及时是指货币资金本身具有时间价值，公共图书馆要注重货币资金收取的及时性，对于该收、应收款项，要及时收取、及时入库，防止国有资产收益流失或是贬值。

2. 货币资金保管环节内部控制的关键点在于资金入库前的安保管理和入库后的安全效率问题

公共图书馆在收取货币资金后，要指定专人并配备必要的保险箱等设备保管，保证资金存放安全，并及时将资金存入单位对公账户或者财政指定国有收益上缴专户，防止资金被盗等风险。

另外，公共图书馆还有相当多的读者办证押金、供应商保质金等收款，对于这些无须上缴财政专户的收款，公共图书馆在存入银行账户后，要注意确保资金安全，以便将来退还读者、供应商。同时，对于这些在一定时间内可以确定的存量资金，可否进行理财管理，也是公共图书馆内部控制需要考虑的问题。

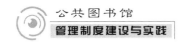
3. 货币资金支付环节内部控制的关键点在于支付有据、支付合规、支付及时

支付有据有两方面的含义，一是所有的经济事项，都要看是否有预算、是否按预算方案进行；另一方面，注重审核原始单据，检查发票是否非法合规，相关审批是否到位，是否符合"三重一大"事项规定等。

支付有据解决了是否可以支付的问题，支付合规则主要解决怎么支付、如何支付的问题。按照财政公务卡等制度，公共图书馆对于不小于五百元的支出，不能直接转账给个人，只能对公转账或是公务卡报销。因此，在支付环节，还要支付方式合规。

支付及时，这是公共图书馆等事业单位不同于企业货币资金管理的地方之一。由于货币资金的时间价值，"早收晚付"是企业的一贯做法。公共图书馆主要货币资金在于零余额账户用款额度，单位本身的库存现金、银行存款相对较少，为保证预算执行和公益单位的信誉，在货币资金内部控制环节，要保证支付及时，不拖拉款项。

4. 货币资金支付后环节内部控制的关键点在于及时对账

对于传统的企业而言，完成了支付，货币资金环节的工作算是告一段落，但对于公共图书馆来说，支付后的对账工作也很重要。一是银行退票，特别是年底，如不及时处理，造成跨年退票，会严重影响单位与财政的对账、预算执行；二是现在财政推行自助柜面，类似企业的网银支付，该支付模式提高了支付效率，但也存在着单位已支付、财政已下账但对方单位还没收到钱的情况，即银行人员口中的"挂账"现象。对于挂账现象，如果不注意支付后环节的对账工作就存在资金流失、不及时付款等风险。

二、我国公共图书馆货币资金内部控制存在问题与原因分析

1. 我国公共图书馆货币资金内部控制现状

公共图书馆货币资金内部控制按照财政部颁发的《行政事业单位内部控制规范（试行）》等制度施行，货币资金安全内部控制主要有财务部门、纪检部

门和馆领导监督实施。

2. 我国公共图书馆货币资金内部控制环境存在的问题及成因

目前，我国公共图书馆货币资金审计等部门设置和分工不合理。公共图书馆货币资金控制，主要由财务部门、纪检部门和馆领导施行，在实际工作中，一般是财务部门负责审核相关凭证、馆领导签批然后，财务部门完成支付等环节，纪检部门的监督多是事后监督，存在监督不及时、监督不足等问题。

存在上述问题的原因在于，货币资金内部审计部门即纪检部门多是由馆领导、财务人员、工会人员构成，存在自我监督，同时部分纪检人员不了解货币资金安全工作，不能完全胜任监督工作。

3. 我国公共图书馆货币资金收取环节的问题及成因

我国公共图书馆大多有大量现金流入，主要是读者办证押金、供应商保质金和复印费、咨询服务费、场地租金等收入。在押金的收取方面，许多公共图书馆采取了办证服务外包，但对外包公司人员还缺乏有效的监督；资金数额的准确性高度依赖于办证系统的科学有效性，如果系统一旦出现漏洞或是被人为篡改了设置与数据，资金安全难以保障。关于复印费、咨询服务费，一般公共图书馆少儿部、报刊部、图书借阅部等多部门都可能涉及，而且因为现金收取时间、金额、收取人员都具有高度不确定性，难以实施有效的归口管理。部分缴款人员在读者不要求出具票据或是因为嫌麻烦、不愿到财务部门开具票据、由收款人员代开票据转交，这些都表明存在资金收款和入账时间不一致、金额不准确等问题，可能存在资金游离在外、被贪污挪用的风险。

从上述问题可看出，造成货币资金收取环节问题的主要原因，一是公共图书馆内部制度不够完善或是制度执行不到位，导致资金游离在外；二是读者自身的票据意识不强，交了钱也可以不要票据。

4. 我国公共图书馆货币资金保管环节的问题及成因

我国公共图书馆目前都设置了专员收管货币资金、及时将货币资金存入银行，但如前所述，一般公共图书馆收取复印费、咨询费等，很多业务部门都可能涉及，由于财务部门人员配置等问题，每一笔收款都不是直接交至财务，而是业务部门收款后再统一交到财务，然后由财务人员存入银行。在上述资金的交接过程中，就可能导致资金游离在外、未及时入库。

随着公共图书馆事业的发展以及读者数量的增加，公共图书馆的办证押金也增多；同时，公共图书馆也会收取供应商的保质金，以应对供应商提供的书籍等产品或服务不合格等问题。这些都意味着，公共图书馆在一个确定的时间内会有一定数量的存量资金。这些存量资金，从资金所有权来看，不归属于公共图书馆，公共图书馆不能随意理财；但是在一个可预见的时段内，这些存量资金在公共图书馆的账户，公共图书馆拥有其收益权，如果能进行一些风险很小的理财活动，如存定期、购买国债，也是现代法人应该有的思维。此外，产生这一问题的另一个诱因是国家对公共图书馆理财活动有严格的监管，不少公共图书馆为了规避监管风险，索性不理财。

5. 我国公共图书馆货币资金支付环节的问题及成因

在支付环节，货币资金安全内部控制的一个关键点在于支付有据，一是看预算，二是看经济业务单据。公共图书馆支付有据方面存在的问题在于不能严格按照预算执行，部分单据审核不严，缺乏附件。造成此问题的原因，客观方面，是公共图书馆也会遇到一些不可预见因素，不能在预算中完全反映；主观上讲，是图书馆财务人员等在支付环节审核不严，货币资金内部控制流程设计不到位或是执行不到位。

在支付环节，现在财政全面推广自助柜面支付系统，但在实际操作过程中，财务人员反映存在以下三个问题。一是自助柜面支付数据发送的不可逆性、不可撤销，意味着如果支付数据有误，公共图书馆人员即使发现了，也不能有效撤销，而传统的到银行柜台办理转账，一旦发现问题，可以直接要求办理人员停止办理，而不像自助柜面这样不知道谁会具体负责哪一笔支付，发现问题不能及时叫停支付。同时，目前的自助柜面系统财务印鉴和法人印鉴不能分管，是统一由一个人签章，加大了支付环节风险。此外，在自助柜面支付系统下，资金挂账问题如果不能及时解决，可能导致资金不能及时支付，公共图书馆要面临违约责任风险。当然，自助柜面系统和企业的网银一样，也面临着网络安全性问题。

自助柜面系统存在的上述问题，主要是由于系统设置本身的不完善造成的。如果在系统开发时就设置电子印鉴分管等，有些问题就可以解决了。挂账问题，从根本上来说，是由于收款方开户行信息不规范造成的，如果系统设计一个统一的银行网点查询系统，挂账问题就会大大减少。当然，我们公共图书馆相关操作人员也应注意，要求相关业务人员提供准确的信息，在操作时准确录入上述信息，这样也能少出现问题。

三、改善我国公共图书馆货币资金内部控制建议

1. 我国公共图书馆货币资金内部控制环境改进建议

针对目前我国公共图书馆货币资金内部控制环境方面存在内部审计等部门设置和分工不合理问题，建议单位负责人会同班子成员，合理设置内控部门、科学定岗定责。

2. 我国公共图书馆货币资金收取环节改进建议

在押金的收取方面，公共图书馆采取了办证服务外包，要加强对外包公司人员的监督，制定细则明确双方的责任，并做到及时对账；要定期对办证系统进行安检、维护，同时做好数据的备份，防患于未然。此外，对于系统的访问权限要严格设置，防止超权限人员和无权限人员篡改数据。

关于复印费、咨询服务费等零星收入，公共图书馆要总结以往经验，对每个部门的收款列出清单，要求各部门设专人负责收款并于每日规定时间将现金和收款清单一并交至财务部门，减少资金收取环节的随意性、不确定性。同时对收取款项的专人要实行 AB 岗和轮岗制度，加强对收款人员的职业道德和货币资金安全意识教育。

3. 我国公共图书馆货币资金保管环节改进建议

对于少量货币资金不能及时入库、游离在外的情况，公共图书馆要列好清单、安排专人收款，财务人员要及时与各部门收款专员沟通要求其及时上交款

项、送存银行。另外，对于押金、保质金等一定时间内的存量资金，财务人员要随时了解这些存量资金动态，定期与银行对账，确保资金在库；同时，对存量资金的理财问题，公共图书馆在不违背法律法规的前提下，建议存定期、购买国债等零风险理财行为。对于理财行为，公共图书馆要出台制度，指定专人办理，加强对理财资金动态监管；同时对于理财收益，也应出台细则，明确归属、使用范围等，例如对读者押金理财收益，可以用于反馈读者、服务读者。

4. 我国公共图书馆货币资金支付环节改进建议

针对公共图书馆货币资金支付不能严格按照预算执行问题，一方面要科学编制预算。科学编制预算是货币资金内控控制工作的起点。在编制预算时，公共图书馆要充分考虑以往事项、当前工作计划和可能的突发状况，综合权衡，科学制定预算。另一方面，做好预算的执行落实，明确每个部门、每个工作人员的预算执行责任，避免预算执行过程中的不清楚、模糊状态。

针对支付环节部分单据审核不严、缺乏附件问题，公共图书馆要从选人、用人、培养人、监督人等环节入手，在货币资金内控关键岗位选择具有专业胜任能力和良好职业道德的人，同时要对这些工作人员进行继续教育、轮岗、内部监督，防止一个人长期在关键岗位变得懈怠或是被腐蚀。

对于自助柜面支付系统的问题，解决问题的关键在于财政、银行、公共图书馆三方要相互沟通，对于发现的问题及时反馈，协商解决，不断完善支付系统，在系统设计上消除不科学性。

公共图书馆财务人员要加强学习，保持货币资金安全意识，正确使用支付系统，准确录入相关信息，及时与银行、财政对账。对于发现的问题，要及时与银行、财政沟通，这样挂账等问题也就能及时解决，支付后环节的对账问题也就迎刃而解。

货币资金安全事关公共图书馆的有效运行，是公共图书馆内部控制的重要内容。虽然目前我国公共图书馆货币资金内部控制建设上还存在问题，但随着国家一系列规章制度的出台，公共图书馆的管理已经不断改进，货币资金内部控制体系会日益完善，公共图书馆货币资金管理工作也会更上一层楼。

第八章　公共图书馆安全管理

安全无小事，关乎每个人。公共图书馆管理工作中，安全管理也是一件大事。只有做好各方面的安全工作，才能防范和化解各种危机，才能保障图书馆工作的正常运行。

第一节　公共图书馆自修室的安全管理

公共图书馆自修室，是读者较为集中的地方，也是安全管理的重要地区。因此，加强公共图书馆自修室安全管理，应成为公共图书馆工作的重点之一。

一、读者数量的增加给公共图书馆自修室安全管理带来压力

首先，自修室成为读者较多的地方。随着社会发展以及人们对文化知识的渴求，公共图书馆的读者越来越多。年轻人为求学求职，参加各种考试，如饥似渴地学习；老年人也不甘退居二线，老当益壮，看书读报、写书立传者也越来越多；整天背负作业与考试的中、小学生也是公共图书馆自修室的常客。然而，越来越多的读者涌入自修室，也加重了公共图书馆对自修室安全管理的压力，有的图书馆自修室就发生过读者把门挤破的事情。之所以发生这种现象，一是周六日及假期读者过于集中（比如考前、节日等）。公共

图书馆受经费和场地所限，没有更多座席可以提供，造成"资源紧缺"。二是学习需要氛围，三五成群结伴而来的读者越来越多。许多青少年成群结队来自修室读书学习，他们图的就是公共图书馆有氛围，同学一起学习比较有劲。三是公共图书馆自修室是公共图书馆的一部分，因为公共图书馆本身对读者有很大的吸引力，读者在自学之余可以上外借室借书，可以上报刊室看报，也可以上电子阅览室上网，还可以听听讲座等。各种文化活动比较集中满足了读者的需求，形成浓厚的文化氛围，自修室的人气自然也就越来越高了。

其次，公共图书馆免费对大众开放，无门槛服务，深入人心。然而，某些良心缺失者也会混迹于此，自修室内偷窃案件时有发生。有的图书馆在出入管理制度比较宽松的环境下，自修室任何读者都可带包进来学习，是学习者还是另有目的其他人员，馆员也很难辨别，这就造成社会闲杂人员混入，发生一些财物被盗问题。读者本是来自修室学习的，却造成了财物损失，也就失去了学习的兴趣，对公共图书馆的印象也会大打折扣。因而避免读者财物损失，尽量防止社会闲杂人员混进自修室，是图书馆必须重视的问题。

再次，盲目跟风，在条件不成熟的情况下匆忙改建自修室，留下了另一安全隐患。

自修室的兴起已有多年，也越来越多地得到了人们的认可，大多新建公共图书馆也都安排了专门的自修室场所。但据著者了解，有些地方为了迎合读者需要，在旧馆场地不足的情况下盲目跟风，使得有些自修室根本不符合消防要求，消防设施、设备不足，缺少安全通道，没有消防应急预案等成了潜在的安全隐患。

在一些地区特别是县级公共图书馆，由于经费和人员的不足，在开设自修室时，只考虑了读者需求，开展服务创新。创新意识跟上了，但安全意识落下了。有一家图书馆将原书库改建成读者自修室，虽然布置的环境满足了读者需求，但自修室竟然没有一个消防灭火器，当然也没有自动"喷淋系统"。更可怕的是，此自修室还没有一个标识明确的安全通道，如果发生火灾，后果不堪设想。其实，在一些新建的自修室也存在消防安全隐患，比较普遍的是管理人员的消防安全意识不足，没有应急的消防安全预案。消防设备浮于形式，有些管理人员竟然都不会使用。有些安全通道过于狭窄，没有考虑到自修室人员数量比较多的切实情况。

最后，制度缺失、管理人员松懈、缺少科学管理的意识，易造成读者与读者、读者与馆员之间的冲突和不满。

某个图书馆就发生过一老年读者不满相邻几个学生讨论声较大而发生口角的事情。管理制度虽然明确了自修室内禁止喧哗，但管理员也难界定什么样的讨论声达到了喧哗的程度，有些即便有读者喧哗，管理员也是睁一只眼闭一只眼，得过且过。也有些不自觉的读者喜欢在自修室内接听电话，所以小冲突、小争吵时而在自修室内发生。这些问题反映了当前公共图书馆自修室的普遍安全问题。

二、加强公共图书馆安全管理的措施

应当说，公共图书馆为自修室的正常运行都制定了相应的制度，但在执行过程中，出现偏差，造成潜在安全隐患。究其原因，制度制定缺少科学性、公正性和公开性，只是领导层在办公室想想而为，既没有一线馆员的参与，也没有读者的参与，有些制度条款各人理解不同，难以实现制定的初衷。因而，科学合理地制定制度，特别是引入一线馆员和读者参与制定的制度，往往会得到更好的执行。通过馆员与读者合理协商共同制定办法，就会取得明显效果。馆员与读者相互理解，相互冲突、矛盾对立的安全隐患就会基本得以消除。

为加强公共图书馆安全管理，就须全馆上下形成共识，共同努力。一是领导重视，制定切实可行的制度。二是加强安全宣传，提高馆员和读者的安全意识。三是加大经费投入，提高安全管理手段。

安全管理一是靠人，二是靠物。就算自修室管理员能力再强，也顾不到所有的面，因此，应该调动一切积极因素，提高自修室的安全管理效能。

1. 争取编制组建专业安保队伍。公共图书馆是人来人往、人员流动量非常大的公共场所，而公共图书馆员的主要职责是为读者提供资料及相关咨询服务，而非安全保障，因此，就需要专业安全人员维护公共图书馆的秩序。

2. 加大资金投入，购买高科技管理设备和系统，大大提高安全管理的效力。参考电子阅览室的管理软件可以应用于自修室的管理，比如有一家图书馆就采用了这样一套系统：在入口处放置一台刷卡端电脑，通过管理系统获取卡信息，自动记录和分配读者座位号，读者获取座位号到相应位置自习。没有带身份证或市民卡的读者，也可以通过管理员手工登记，但必须强调的是，手工登记只是一种临时机制，公共图书馆只对第一次来自修室或有特殊情况的读者进行手工登记分配座号。由于采用计算机管理，座位信息一目了然，读者也很方便，这样，就避免了拥挤的场面。

3. 增加监控设备，用不知疲倦的"眼睛"看住自修室的每一个角落。原先，管理员既要管理入口，又要不断在自修室内巡查，顾了这头顾不了那头。比如，管理员正在室内巡查，可能门口就有读者进来了，这样管理馆员吃力，效果还不好。通过安装电子监控，情况就大有改观了，管理人员相对轻松了些，对于"某些读者"也起到了震慑作用。

以上是针对一些公共图书馆自修室来说的，并不是所有的公共图书馆都存在这样一些安全问题，但一些地方特别是县级公共图书馆当中这些问题还是普遍存在。各地图书馆应提高认识，提高服务，通过馆员素质提高、制度完善再结合高科技的手段做好自修室的安全管理工作。

第二节　公共图书馆安全管理

公共图书馆作为公共文化服务场所，其安全工作关系到文化资源财产和人民群众的生命健康，加强安全管理对公共图书馆至关重要。

在公共图书馆的不断变化发展过程中，必然会遇到各种各样的大环境，这就要求公共图书馆与时俱进，使管理制度化。只有一整套安全管理系统的建立，才能把危机事件带给公共图书馆的影响和损失降到最低。

公共图书馆安全管理工作涉及公共安全、网络安全和藏书安全三个部分，应从完善的制度、先进的计算机制度、严格的管理工作等三个方面共同发力，确保公共图书馆的安全。

一、遵守公共图书馆安全管理的法律法规

为了预防在公共场所包括在公共图书馆的突发性的事件，比如在公共场所发生的火灾、停电、地震、抢劫等，充分减少公共场所突发事件对社会及公民造成的危害，提高保护意识。公共图书馆应按照《中华人民共和国公共图书馆法》第二十八条规定，"公共图书馆应当配备防火、防盗等设施，并按照国家有关规定和标准对古籍和其他珍贵、易损文献信息采取专门的保护措施，确保安全"执行。把安全意识放在首位。

二、制定并完善公共图书馆安全管理制度

在相应的法律法规下，公共图书馆也应该建立和明确自己的管理制度。目前，一些公共图书馆缺乏科学管理，还在以传统、机械的管理制度运行。规章制度不完善、不严谨，管理漏洞显而易见。除此之外，管理水平低、组织管理结构松散、人事管理制度不严、财务管理结构及收支平衡矛盾等都严重威胁着公共图书馆的安全正常运行。

为消除安全隐患，保障工作的安全运行，公共图书馆应加大对领导的管理培训，提高公共图书馆领导的管理水平，增强危机意识。明确组织管理制度，提高工薪的透明度，引进绩效管理方法，加强部门间的合作，明确部门间的分工。明确人事管理制度，明确招聘和休假、退休制度，避免某一个人

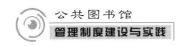
决定一切事务，招聘和休假、退休由一个人决定，招聘和休假、退休制度流于形式。

随着数字化时代的到来，还有应对经费严重不足的问题。目前，很多公共图书馆增加了数字公共图书馆的建立和应用，提高公共图书馆的读者。但是数字公共图书馆的投资不是一劳永逸的，公共图书馆数字化离不开相应公共图书馆计算机系统的引进和维护，不论是引进还是维护都需要一定的经济投入。这都需要公共图书馆积极想办法，谋发展。

三、加强公共图书馆之间的合作

各个公共图书馆不论是经费还是馆藏程度都或多或少有难题，不是馆内面积小，就是经费不足。但有可能某些公共图书馆在某些图书期刊类别上比较充足且更新较快，而这些类别正是另外几家公共图书馆所缺少的。当然，另外几家公共图书馆的馆藏中也有可能有其比较充足的图书或者期刊类别。公共图书馆间就可以加强合作，互相调阅图书，提高经费的运用效能，解决经费不足的问题。公共图书馆不仅是阅读最新文献资料的地方，还是珍藏文献资料、保护文化财产的地方。1996 年，国际图联与相关部门在巴黎创建了"蓝盾"计划，就是为了加强公共图书馆之间的合作，保护全人类的文化财产。

四、读者参与是公共图书馆安全管理的基础

公共图书馆中除了一般的管理人员，大部分是流动性较大的读者。公共图书馆中的读者不仅仅只是遵守公共图书馆的管理制度的人员，也应是公共图书馆安全管理的参与者。在公共图书馆安全管理中，仅仅靠公共图书馆的管理人员有时不一定能够应对各种突发事件，如火灾、抢劫、打架斗殴、停电、地震等。火灾中大家容易惊慌，而仅仅依靠公共图书馆管理人员去疏导人员撤离，就显得力不足道。而如果读者都懂得怎样撤离，公共图书馆管理

人员就很容易疏导人员撤离，减少人员伤亡。

第三节 公共图书馆危机管理

关于危机的定义，国外众多学者都有自己的见解。但是由于危机的发生通常并非固定不变的，而且发生的场景也千变万化，因此定义难以统一。本文将分析不同学者关于危机的不同定义，然后重点探讨公共图书馆危机管理的有关问题。

一、危机与公共图书馆危机

1. 公共图书馆危机的定义与基本特征

一般而言，危机是指对组织产生破坏性或严重负面影响的突发性事件。公共图书馆危机是在未预警的情况下，突然爆发的事件对图书馆整体环境和读者利益造成严重威胁或破坏，需要图书馆领导层和馆员立即作出反应的严重或较严重事件。危机发生情况紧急，而且影响范围较大，对危机主体以及社会层面都会产生恶劣影响。同时由于危机事件突发，决策者必须在极短时间内将危机的影响降到最低程度，提出应对危机的最优决策和具体措施。

美国学者约翰贝拉米·福斯特认为，危机虽然具有特殊性，但有四个显著特征，分别是需要在紧急情况下快速做出决策、危机发生时缺乏接受过培训员工、没有提前准备充足物资、短时间内无法处理。美国学者劳伦斯·巴顿认为危机可以定义为"具有不确定性的，会引起负面影响的大型事件。同时还会对组织以及员工、生产的商品、提供的服务、企业的资产、组织的声誉造成严重损害等后果。"美国学者班克斯认为，危机的发生往往会对企业或者组织的各项生产经营活动产生严重负面影响。综合以上学者的观点，笔者认为危机的主要特征为以下四点：

（1）必然性和偶然性。公共图书馆作为文化科学组织和服务性机构，主要是为读者提供相应的文献信息服务。因此公共图书馆不可避免地要与校内外各类团体、组织产生密切联系，与各层次读者密切互动。在这种多维互动的情况下，容易滋生危机的因素。但并不是所有组织，所有读者群，所有阶段都会带来危机，危机的暴发通常带有十分偶然的因素。危机之所以是偶然性和必然性相结合的产物，主要是多维因素共振的结果。公共图书馆以文献信息传播服务为基础，开展一系列的公共活动。决策的过程始终是一个动态的信息负反馈过程。一旦出现了信息失真情况，就容易埋下隐患，形成危机发生的必然性。危机的偶然性同样可以解释。一个危机的发生，绝对不会毫无征兆，一定存在着一些潜在的因素。无论是客观上还是主观上，一旦出现了系统隐患，往往是平时的疏忽所导致的。因此在任何时刻都应该重视危机预警，提高防范意识。

（2）突发性和渐进性。危机的发生通常情况下都是突然发生的，大多数都是在人们没有准备的前提下瞬间暴发。换句话说，当危机还没有发生时，大部分人是难以察觉的。由于危机发生突然紧急，暴发力度强，往往会导致管理者惊慌失措，难以做出准确的决策，导致组织遭受损失。危机的发生过程是一个由量变到质变的积累过程。首先是由于潜在因素逐渐积累，由于缺乏控制和管理，会不断发展壮大，最后就会形成危机。正确认识到危机的突发性和渐进性，能够帮助组织加强平时工作中的管理，以应对突如其来的危机。

（3）破坏性和建设性。危机一旦发生，就会具有极大的破坏力，给组织和机构造成巨大损失，管理者应该果断采取措施防范和制止。另一方面，当危机发生过后，要及时进行重建。将危机损失降到最低，尽快恢复正常的工作和生活。同时还应该总结危机事件，反思工作中的不足和缺陷，进而提出新的解决方案。认识到危机具有极大破坏性，能够在工作中加强重视程度。认识到应对危机的建设性，临危不乱，有效重建。

（4）急迫性与关注性。由于危机的发生通常十分紧急，就会在极短时间内暴发，并且造成巨大影响，引起多方关注，在组织和社会中迅速蔓延扩张，成为全社会关注的焦点。作为组织的决策者，此时就必须快速采取解决措施，控制住危机的影响范围。一旦行动迟缓，会导致损失进一步扩大，以及恶劣的社会影响。因此，危急时刻的应急管理和决策是十分重要的。

2. 公共图书馆危机管理的概念及原则

一般而言，公共图书馆危机管理是指为防止危机发生，运用系列预警机制，采取各类预警措施，以杜绝、减轻危机影响和损害的管理过程。

危机管理的过程是井然有序，有条不紊的。美国学者罗伯特希斯认为，危机管理如果要达到快速有效，必须做到以下几个方面：首先要努力寻找到危机发生的根源，潜在因素，危机的本质以及危机爆发时的主要表现形式。分析危机造成的影响，从而提出更好的解决方式来降低或者转移危机的影响范围。

公共图书馆在进行危机管理时应该重视以下几个原则：

（1）积极性原则。当遭遇危机时，切忌逃避现实。应该以积极的态度去寻求解决方案，主动投入到调查、分析、判断和决策的工作中去。这样才能够以最快的速度寻求到最佳解决措施，降低危机影响范围。这也是危机管理中最基本最核心的原则。

（2）主动性原则。所谓主动性，就是指在进行危机管理时，应该主动进行检查和分析。平时管理中主动检查可能引起危机的潜在因素，当图书馆陷入危机时，各级管理人员都应该主动参与，积极解决。要在危机发生时化被动为主动，将各种不利因素转变为有利因素。

（3）及时性原则。危机爆发时情况紧急，危机管理就是能够及时处理突发事件，抑制事件往更坏的方向蔓延。危机管理中，管理人员应该在短时间内迅速准确做出判断、做出决策，果断进行处理。因为处理危机的时间越短越迅速，损失就越小越少。

（4）冷静性原则。常常有员工在危机发生时惊慌失措，紧张害怕。但是作为危机管理者，越是混乱的场面，越是要冷静沉着面对。要时刻保持清醒的头脑，否则会做出不理智的决策导致危机的恶化。

（5）真实性原则。危机发生时由于人多口杂，常常会伴生各类谣言。随着猜测误解在人群中传播，只会对事件造成进一步的恶化。此时图书馆应该实事求是，主动公开实际情况，增强透明度，将事实公布于众。越是欲盖弥彰，越是隐隐藏藏，越会导致图书馆形象受到损害和不信任。

（6）责任性原则。危机通常会给图书馆甚至社会造成极大的负面影响。但是无论危害多大，作为当事人都应该勇于承担责任，不找理由推卸责任。越是在危急时刻，越应该站在社会正义的角度，尽量减小损失，而不是一味地逃避。

（7）全员性原则。危机管理应该坚持全员参与，而不仅仅是个别管理者和专家的职责。应该加强全员的相关培训，保证员工充分了解危机产生的原因、特征、影响以及解决方案。全员参与可以增强危机意识，也更利于危机预防工作的开展。

（8）灵活性原则。危机由于其偶然性和多样性，并不是一成不变的。相应解决危机的方法也各有不同。要从实际出发，做到具体问题具体分析。这样才能够有效地解决危机事件。

3. 公共图书馆危机存在必然性

公共图书馆作为社会公共文化的重要组成部分之一，为读者师提供重要的文献信息服务。它会受到校内外环境的多面影响。身处信息时代，社会服务体制转型，信息多元化将会带来一系列问题，如果图书馆不顺应时代进行改革和发展，那么将会面临各种潜在危机。

互联网发展和信息多元化也是公共图书馆面临危机的时代背景之一。在互联网时代，信息十分发达，新型媒体吸引了越来越多的关注。读者对传统媒体的需求也逐渐被替代。互联网技术应用在各个方面，读者获取信息的渠道越来越多样化。在网络上、手机上可以轻松获取各类信息资源，甚至更加全面和详尽，搜索速度更快且便捷。比较之下，读者对图书馆的依赖程度不断降低，会导致图书馆出现两类潜在危机：一是图书馆服务逐渐边缘化；二是服务质量不断下降。会对图书馆工作人员的业务能力产生严峻挑战。

二、公共图书馆的危机类型与成因分析

我国公共图书馆的管理系统中，内部因素和外部环境都会对图书馆的管理和服务产生影响，从而引发潜在危机。外部影响因素主要包括政治影响、社会文化因素，以及科技进步，经济结构变化以及自然环境的变化。内部因素中的组织结构、馆员身心变化等因素。

1. 公共图书馆外部危机类型和成因分析

（1）安全与突发事件危机。由于公共图书馆人员流动密集，加之机器设备、文献信息数量巨大，任何细节如果出现偏差都会导致图书馆的文献资源和家具设备遭受到巨大的损失，从而导致图书馆陷入安全危机，或有着发生危机的潜在隐患。在开放的环境下如何保证读者能够足够安全也是图书馆的重要工作之一。图书馆应该保证读者在接受服务时，其人身的安全不受到侵害。因此公共图书馆在设计建造时会提供一个舒适的阅读空间，让读者能够不受干扰地学习和工作。除此之外，图书馆在设计时通常会选择宽大的台阶通向楼上，楼梯两旁没有扶手或者用绿色植物替代；部分图书馆在各楼层设计的是旋转门或者玻璃弹簧门，还有各类电梯等，这些都有潜在安全危机，稍不留意，会酿成安全事故。因此图书馆必须定时进行巡视排查检修，确保各项设施设备安全运转。

近年来，全国范围内的突发事件时有发生，而且危机事件发生的领域也向多元化转变，一旦没有得到妥善的处理，很可能引起政治危机或者经济危机。地震、疾病、洪涝、非法组织、治安群斗、袭击网络、不明物体、盗抢、投毒、谋杀、纵火等都会导致各种危机，各级政府要保持高度警惕和责任。公共图书馆作为一个公开的场所，人员密集，存在多种安全卫生隐患。例如各类书籍在传阅的过程中会滋生大量细菌；读者之间的相互交流和沟通也会

导致病菌的传播和扩散；计算机设备、桌椅等基础设施由于多重接触自带病菌等等都会引发疾病危机，威胁到人们的身体健康。但是图书馆作为知识传播的场所，其本意是提供各类文献资源，却不得不面对疾病传播的危机。除此之外，恐怖事件、踩踏事件等突发意外也会对图书馆的安全产生严重影响。

（2）信息安全危机。随着信息时代的发展，网络全球化的背景下公共图书馆也顺应时代的需求，不断进行网络改革。大部分高校已经建立了数字图书馆，并且将其作为未来文化建设的重点工作之一。公共图书馆资源开放、共享，使更多读者能够享受到信息的便捷，但是同时也会面临着严峻的信息安全隐患。网络背景下，如何维护和保证资源安全一直以来都受到重视和关注。人们在高度依赖网络时代的便捷、实用、高效、低成本等优点的同时，还要警惕信息犯罪、非法攻击、数据安全等随之而来的缺陷。各种木马程序、文件窃取等互联网黑客技术和手段不断蔓延扩张，一旦公共图书馆系统被攻击，很容易造成用户信息泄露、资源流失。因此公共图书馆必须时刻警惕网络系统的防护和运营。

（3）计算机病毒与黑客攻击危机。硬件和软件技术上的安全维护是一个世界性的难题。

（4）版权危机。现代法治社会里，知识产权是一个最终的法权原则之一。图书馆面对国内作者、世界作者，需要依法处理好中外文版本文献，尤其是数字资源的版权和合法使用权问题。

（5）经费与资源危机。在当代的知识信息时代，掌握信息就具有竞争优势，因此各类信息产品炙手可热。各类数据库、文献资源价格日益提高。公共图书馆每年的经费来自于学校拨款，但是由于信息数据数量和价格的不断增加，图书馆每年购置资源的成本也在不断增加。从实际情况来看，每年公共图书馆的经费仅占学校总支出的5%甚至更少，特别是在一些经济发展相对欠缺的地区，财政收入不足，公共图书馆能够获得的资金支持更少。一些图书馆甚至依靠图书捐赠来不断扩充文献收藏量，说明公共图书馆面临着经费危机。

公共图书馆在日常运行中，最重要的功能就是提供文献信息，这也是读者使用图书馆的主要目的。在网络发达的时代，公共图书馆应该充分利用互联网，对各类文献和信息进行收集、加工、整理以及传递。如果不建立完善的信息情报资源系统，那么很可能失去对读者的吸引力，也容易被其他信息机构替代，最终失去存在的价值，导致图书馆的生存危机。

（6）社会与形象危机。公共图书馆在读者心中的形象可以通过心中的认可和使用频率来反映。随着当今时代的发展，知识的需求量也在不断上升，人们对图书馆的需要也随之增加。但是另一方面，部分读者并不了解图书馆提供的所有服务，没有充分使用自己的权利。与国外图书馆高度利用的情况相比，我国图书馆在公众意识里只是作为休闲消遣的一种方式。

2. 公共图书馆内部危机类型及成因分析

（1）人才与心理危机。新形势的大背景下，社会发展朝着多元化的方向前进。越来越多的人加入到创业队伍中，同时社会发展中难以避免分配不均等现象的冲击，导致图书馆人才的严重流失。一方面，图书馆专业在全国范围内的人才相对不足，因为图书馆专业相对社会上的一些热门专业来说，其宣传和普及程度较低，大众接受度也有待提高；另一方面，图书馆馆员的整体专业水平不高，本应该属于专业服务性和学术性的图书馆，却与现实需求形成差距。反映出了图书馆人才队伍建设令人担忧的一面。

从宏观方面看，由于管理体制等一系列原因，我国公共图书馆工作人员专业素养不强；业务服务技术含量不高，但工作十分繁杂琐碎；个人能力提高机会不多。所以大部分高学历、高素质人才以及专业性人才会选择更加有发展空间的工作，以至于一部分博士、硕士仅仅把图书馆的工作当成是经验积累以及未来跳槽的踏板。在我国大部分的高校中较少开设图书馆专业，选择该专业的学生也比较少。即使调剂为图书馆专业，最后大部分也会选择转专业或者考其他专业研究生。即使部分学生选择了图书馆专业，只是为了追求学历或者是减轻就业的压力。其专业素养不高，也难以达到公共图书馆人才标准。以上种种因素最终导致图书馆专业人才素质不高，缺乏高水平的复合型人才，严重影响和制约了我国公共图书馆的发展。

我国公共图书馆传统的管理方式中，并没有形成一个完整的人才引进和培养计划，对人力和智力投入也比较有限。在我国特有的体制中，公共图书馆属于事业单位，政府管理和财政投入之下容易造成成本管理不善，体制意识太重，无法激发员工的工作积极性，导致大部分青年人才严重流失，工作效率低下，学术水平得不到改善。

随着大数据时代的到来，传统的图书馆管理及服务理念已经不适用于当今社会。各类资源逐步实现数字化、网络化。社会机构应用智能化管理和服务模式的趋势已经越来越明显。公共图书馆未来发展中对人才的需求提出了更高的要求，例如需要掌握一定的计算机技术、网络操作熟练、信息传输和收集加工处理能力较强、擅长对外交流与沟通、不断思考和创新能力等。但是反观目前公共图书馆的人才队伍建设，工作人员的素质与理想状态相差甚远。

美国社会心理学家马斯洛最著名的社会需求理论中，人类的需求分成几大类，除了基本的生存需求之外，尊重与自我实现是更高层次的需求。目前基本上已经满足了低层次需求，正在追求自我价值的实现。但是在我国公共图书馆中，部分工作人员工作经验有限，专业技能欠缺，在思想和认识上缺乏一定的高度。在他们的认识中，图书馆工作只是一份基础的工作，并不需专业性。还有部分工作年限较长、年龄较大的工作人员，在看到身边从事其他行业的同学同事发展很好，在行业内有一定的成就时，会感觉自己从事图书馆相关工作没有发挥自己的才能，认为自己本可以取得更大的成就，从而消极怠工，产生心理危机，影响图书馆日常工作。在社会的各行各业中，敬业精神是每个从业人员都要具备和不断加强的，但是在图书馆工作中，由于其繁杂琐碎和枯燥无味，大部分员工的敬业精神正在逐步淡化。当出现了其他机会时，就毅然决然舍弃图书馆工作。即使身在图书馆，却另寻出路或者在工作时间做其他的兼职。这一系列的现象都导致了图书馆即将面临人才危机、形象危机以及事业危机。

（2）管理与服务危机。管理危机主要是指图书馆的管理人员没有制定出一个明确清晰的发展方向，或者管理方法过于传统陈旧，体制不健全，权利责任划分不明晰，导致无法准确定位图书馆的缺点和优势，未来发展道路模糊。由于没有完善的人才激励计划和竞争机制，导致员工工作积极性下降，从而影响公共图书馆未来的发展，形成一定的危机。另外，管理层专业素质参差不齐，部分管理者身兼数职，缺乏专业性和针对性。当图书馆发生危机时的管理方式也比较传统，缺乏统一先进的解决措施。然而管理层的行为对下属员工的影响巨大，一旦出现决策失误，很容易导致员工对管理层失去信心，降低了对图书馆的忠诚度。所以管理层能够及时妥善处理图书馆危机，不但能够保证图书馆发展，还能够增强员工信心，提高对管理层的信任度，增加员工的凝聚力和忠诚度。

公共图书馆作为一个文化和学术服务性质的组织，服务质量关系着图书馆的生存。而目前我国公共图书馆的服务质量却跟不上发展的速度，部分员工缺少服务意识，潜意识里认为自己属于高校在编人员，不乐意服务于学生。同时也还缺乏创新意识，在现有的服务体系上缺少创新动力，造成图书馆无法满足不同需求层次的读者。最终必然会导致读者的不满意和流失。服务危机是馆读冲突的主要方式之一。读者希望在图书馆能够得到相应的服务，希望图书馆做到态度要和气，语言要客气；及时调整购进新书的文理科比例；注意与读者交往时表现出体贴，形成良好的互动；始终把读者对图书馆工作的满意度作为工作的标准和出发点，

而图书馆在这方面相对欠缺或不足，读者的合理要求得不到及时满足，使得图书馆面临服务危机。除此之外，图书馆还面临一些其他方面的危机，例如，知识产权纠纷，服务项目供给与读者需求之间的矛盾，收费服务得不到读者的理解。如果公共图书馆在服务质量上没有较大改善，服务意识和创新意识又比较缺乏的情况下，仍然意识不到危机的存在，只会导致效率低下，读者满意度下降，读者流失。

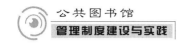

三、公共图书馆危机管理的对策

1. 制定公共图书馆危机管理对策的重要指针

中国共产党第十九次全国代表大会精神是开展各项管理工作的重要指导方针，特别是其中的"八个明确"和"十四个坚持"是深入开展危机管理工作的重要原则。党中央明确提出坚持和发展中国特色社会主义的总任务是实现社会主义现代化和中华民族伟大复兴，在全面建成小康社会的基础上，建成富强民主文明和谐美丽的社会主义现代化强国。具体分析新时代社会主要矛盾是人民日益增长的美好生活需要和不平衡不充分的发展之间的矛盾，必须坚持以人民为中心的发展思想。同时明确全面深化改革总目标是完善和发展中国特色社会主义制度、推进国家治理体系和治理能力现代化，全面推进依法治国的总目标是建设中国特色社会主义法治体系、建设社会主义法治国家。

具体到图书馆危机管理工作中，就是要把局部的管理工作纳入到总体上追求文明和谐美丽的社会目标中，认识到新时代社会矛盾在图书馆的体现是各类读者日益发展的信息需求和美丽环境需求，与图书馆阶段性的发展滞后之间的矛盾。必须始终坚持读者第一，服务至上；各项管理工作持续改革深化，不断更新管理理念和采用现代化技术手段推进管理工作；把危机管理工作提升到法律法规范畴纳入法治体系。把党的领导作为根本保证，坚持新发展理念，不断努力创建和谐美丽服务环境。

2. 公共图书馆危机管理的特性和目标

危机的发生不可能完全预测，是具有随机性的，但是我们可以采取措施进行预防。所以危机管理的第一步就是要做好预防工作。对于公共图书馆的危机管理来说，预防比危机发生后的补救更重要。要力争做到：早预防，早发现，早准备，早处理。例如，如果火灾发生之后人们才去学习各种灭火和逃生方法，但已经严重滞后了，所以应把重要精力花在常规管理和事前预警上。

（1）公共图书馆危机管理的特性

公共图书馆危机属于一种特殊形式的危机。其除了具备危机管理的基本特征之外，最明显的就是不确定性、应急性和预防性。

①公共图书馆危机管理的不确定性主要表现在危机的发生大多数情况下是突发的，往往超出了人们的预期和想象，在其暴发之前，通常都无法预知，并且也不会重视也不会主动纳入危机管理。因此难以在危机爆发之前进行监控、预警和制定解决方案。所以需要使用现代化技术手段和管理方法，集中专家进行商议，在危机爆发之前制定出方案，将危机的苗头扼杀在摇篮里。

②公共图书馆危机管理的应急性表现在危机发生的不同阶段。一般来说，公共图书馆危机和其他危机都分为三个阶段，分别是前兆阶段、爆发阶段和持续阶段。在危机的前兆阶段，主要是及时锁定危机可能发生时间，以应对采取预防措施。一般在危机发生之前都是有一定的征兆的，但是有些难以察觉，所以如果能够事先将危机遏制住，就能掌握主动权，就能够获得事半功倍的效果，阻止了危机后续破坏力。当危机处于持续阶段时，主要的工作任务就是极力控制危机的蔓延和扩散、进行危机沟通，开展各项恢复性工作，解除危机造成的危害。前兆阶段和持续阶段属于正常工作范畴，因为此时危机爆发高潮已经过去，剩下的是一系列善后措施。在危机管理中通常被称为常态管理。在危机爆发阶段，是情况最紧急的阶段，因为每一时刻危机都在不断变化和增长，必须迅速采取措施，此时的危机管理称之为应急管理。在公共图书馆中，大部分都是文化资源，应急管理相对也更加重要。

③公共图书馆危机管理的预防性体现在事先有准备或未雨绸缪上。危机管理并不局限于当危机发生时的处理和解决，更应该将预防管理纳入到管理体系中。所谓凡事预则立不预则废，要积极建立预警机制，重视危机的检测和预防控制，这比危机爆发之后再去寻求方式解决要有效得多，这项工作也是最困难的，危机的苗头往往出人意料，难以发觉，也难以管理，此时专业人才的重要性更加凸显。

（2）公共图书馆危机管理的目标

公共图书馆危机管理的主要目标在于既要管理危机，又要利用危机来进行自我宣传和发展。要会利用危机，管理危机。

（1）要确保图书馆各项目标任务有效实现。实施危机管理的根本任务就是要图书馆实现长远稳步发展。公共图书馆在制定战略发展方案时，会忽略危机管理方案，导致在战略管理过程中出现种种隐含的危机因素。在长期的实施过程中会对图书馆服务产生消极影响。还会存在一系列安全隐患，缺乏充分的准备，影响发展战略的顺利实施。因此公共图书馆在设计战略方案时，应该将危机管理纳入其中，这样才能够有效弥补战略管理中的不足。

（2）切实保证图书馆国有资产的安全性和稳定性。成功且有效的危机管理能够保证国有资产安全最大化，不受到外来因素的威胁。通过制定严谨的危机管理措施，如防火、防水、防袭击网络、防盗、防潮等，可以保证文献资料、办公家具、电气设备、人员车辆等的安全。通过定期安排工作人员进行巡查、排查、检查、及时备份各类重要资料，能够确保文献信息完好无损，通过合理的资金使用，能够发挥资金最大效率。

（3）维护好图书馆自身价值和读者利益。有效的危机管理能够帮助提高图书馆服务质量和服务意识，提高图书馆的社会地位和影响力，最大限度维护好读者利益。当遭遇危机时，以积极乐观的态度去面对，运用良好的公关手段，也能够将危机转化为机遇，通过解决危机给图书馆起到宣传的作用，突出图书馆的正面作用，改善外在形象，提高知名度和信任度。

（4）加强图书馆向心力。图书馆的管理层发挥着带头和模范作用，图书馆员工的行为会受到管理层的影响。当发生危机时，管理层迅速果断采取策略，争取主动、冷静稳定、积极应对，也能够极大鼓舞全体员工，增强员工对图书馆的信心，增加凝聚力。相反，如果管理层临阵退缩、慌慌张张、办事不利、处理欠妥、被动应付，会导致员工怀疑图书馆能力及实力，对图书馆的忠诚度也会随之下降。

3. 公共图书馆危机管理的对策

公共图书馆在进行危机管理时应该建立相应的预防机制。可以加强对员工的项培训，组织安排模拟演习，进行情景再现。能够更加直观，也更有冲击力，给员工的印象也更加深刻。但是即使做好了一切前提准备，也无法完全阻止危机爆发。只能够将危机爆发的次数尽量减少，将危机带来的影响缩小到最小范围，将损失降到最低。这之后的危机处理，就是当危机爆发之后，采取应急措施，及时妥善处理危机的影响。

（1）危机意识的培养

首先就是要树立危机意识，居安思危，未雨绸缪。积极培养、牢固树立危机意识能够使图书馆的工作人员时刻提防危机的发生，在开展各项工作时更加小心和谨慎，尽量避免错误的出现，从源头上消除可能引发危机的各种诱因。还能够把危机遏止在萌芽状态。危机管理属于图书馆所有工作人员的职责，并不是部分部门员工或者高层管理者的工作范畴。从高层到基层工作者，都应该积极加入到危机管理中，只是各自发挥的作用有所不同而已。高层管理者主要制定规划，将危机意识灌输给所有员工，掌握主动，靠前指挥，积极组织，统领全局。中层管理者对各项制度进行合理分配、科学安排、现场指挥，临场不乱，最大限度增加提高员工的积极性和信心。同时对基层员工进行危机培训，基层员工负责落实各项行动，明确危机发生时应该采取的对策。通过层层的管理和培训，加强对基层人员的培训十分重要，一方面能够提高人员的熟悉程度，提高应对危机的能力，同时还能够对应急计划进行检测和完善。再加上反复不断的练习，能够将危机意识深入人心，形成习惯，从而减少危机的爆发。

（2）进行危机识别

要对危机进行预防和管理，首先要明确危机的概念，不能够盲目行动，过度恐慌。美国危机管理机构ICM将危机定义为：能够对企业和机构的正常生产工作产生严重影响，甚至导致瘫痪，媒体的负面报道引起公众的广泛关注，政治进行干预和管制，产生一系列法律纠纷，最终导致财产受到损失。这一定义同样适用于公共图书馆，为了更好的避免公共图书馆危机，首先应该准确识别危机，了解定义和特征，从而避免危机。

一般将公共图书馆危机分为三个的等级，分别是：一般事件，当危机发生时会引起小范围的关注，当得到解决之后就能够及时消除影响。例如当图书馆接到读者投诉之后，工作人员及时进行了解情况，并解决读者的投诉，消除不满，能够消除影响。因为如果只是读者进行投诉，并不会发生重大的人员伤亡或者财产损失，工作人员给予安抚和道歉即可。但是如果图书馆没有妥善处理，读者可能会通过媒体来曝光，形成更大的影响；紧急事件，突发的非正常情况下发生的事件，通常其发生会伴随着一定的财产损失。例如图书馆遭到偷窃事件、小型的火灾、水灾等；真正的危机事件，当上述两种等级的事件没有得到妥善处理，影响不断扩大，就会导致场面失去控制，而且会对图书馆造成大范围的负面影响，此时就是真正的危机。但是在日常生活中，图书馆有时不会对前两类事件产生足够重视，或者低估了事件的影响力，从而导致真正的危机。前两类事件应该属于危机在萌芽状态，没有及时处理才会出现真正的危机，对图书馆的形象、财产造成影响。

要对危机采取准确的解决措施，应该遵循以下几个原则。

（1）冷静科学决策。越是在情况紧急的时刻，越要保持冷静，不能惊慌失措。公共图书馆管理层应该保持清醒的头脑，做出准确的判断，迅速安排各部门人员，调查危机发生的原因，找出解决办法。相反，当危机发生时如果惊慌失措，就会处于被动，必然会耽误最佳的抢救事件，使危机进一步扩散。

（2）有重点的行动。要把握主要矛盾和矛盾的主要方面。危机发生时要解决危害最大，同时时间最紧迫的地方，然后再依次解决其他各项问题。一般情况下将生命损失减到最低是降低危机的首要任务。无论是自然灾害还是人为破坏，最严重的后果就是造成了人员伤亡，人的生命高于一切。因此应该将保护生命作为危机管理最重要的任务或最高的任务。

（3）积极做好内外部沟通协调工作。当危机发生之后，各种小道消息和不实传闻会四处扩散，不明真相的公众或读者容易受到谣言的影响，产生种种猜测和怀疑。甚至连部分媒体也会报道未经证实的消息，或者是故意夸大事实，吸引更多关注。要积极深入现场了解事情的原委及进展，向员工和公众及读者传达最真实的信息，阻断谣言和猜测的传播，维护图书馆的正常运转和形象。据此，第一要保持电话、车辆、人员、水电、物资等资源畅通，牢牢掌握信息发布的主动权。以确保信息真实。第二要公众至上。要把受到伤害的读者公众放在第一位，才能安抚读者，尽快化解危机。第三要维护声誉。组织的声誉是组织的生命，维护图书馆的形象和声誉是处理危机的出发点和归宿。

4. 公共图书馆危机管理的后续工作

当危机爆发之后，公共图书馆应该尽快从阴影中走出来，恢复正常的服务和工作，因此相应的后续工作十分重要。

（1）采取有效措施消除危机所造成的消极后果

危机爆发之后会产生许多的消极后果，必要时采取有效措施来消除影响。第一是物质方面的后果，主要包括危机造成的人力、财力、物力损失。如文献、机器、设备、家具等。第二是人身方面的后果。危机会对员工及读者身心产生影响，例如危害健康，甚至于人身伤亡等。第三是心理方面的后果。员工会对危机产生恐惧心理，造成心理不健康，影响图书馆的正常工作。第四是形象方面的后果。危机一旦发生，无论范围大小，都会影响图书馆在社会公众及读书心中的形象。

危机后果的消除工作，应在危机一发生时就启动，防止危机消极影响的扩大和二次伤害带来更严重的后果，而不要等到危机消退以后再来考虑消除影响的问题。也就是说，及时消除危机的消极后果，本身也就是控制危机、防止危机蔓延的重要手段。如果危机刚刚露出头角就主动干预，及时采取措施、发布权威信息、解决根本矛盾，消除不良后果，那么危机很快就会被控制住，而不会蔓延、演化，乃至难以控制。

（2）塑造良好的公众形象

良好的公众形象是为读者提供服务的基础。危机的爆发必定会对图书馆的形象造成负面影响。然而公共图书馆承担着文化建设和知识信息传播的重要角色，在社会中的公众形象十分重要，因此维护公共图书馆的形象是工作的重点。一般是根据危机造成的损害程度来制定相应的公共活动以弥补形象的缺失。例如，通过每年定期开展"读书周"系列活动（推荐好书、漂流图书、评论图书、读书讨论、征文比赛、专题讲座、视频欣赏、捐赠图书、超期免罚图书、评选读者和阅览之星等）、"读者交流日""图书馆开放日"等活动；通过成立"志愿者协会""读者协会"等组织，加强宣传，提高认识。通过举办读书活动，加强与读者及社会公众之间的联系，敞开图书馆大门，接受读者的监督和建议，增强读者对图书馆的了解和信任。同时，要大力宣传图书馆的改革创新，不断提高和改善公共图书馆的形象和声誉。

（3）进行危机总结

危机从爆发到解决的最后一个环节要对其进行总结，吸取经验教训，完善危机管理。危机的爆发必然给公共图书馆带来损失和教训，所以事后对危机管理进行总结必不可少，既是非常必要也是及时的。

第一，进行全面仔细调查分析，了解危机发生的根本原因和诱导因素。对危机管理中的预防措施和治理手段进行详尽的调查，总结出不足或短板之处，重新构建图书馆危机管理能力。

第二，对危机进行客观评价。对危机在爆发过程中的组织和解决，如何妥善处理以及做出的各项决策进行评价，要将其中存在的不足详细地列出来，以便提取关键内容。

第三，危机发生之后的整改措施。要对各类问题进行归类总结，针对不同的危机采取有针对性的整改措施，并且提醒、监督有关部门切实落实整改方案。

第四，通过经验总结，提高危机管理能力。可以将危机中的有效解决方案以及失败之处制作成教学素材，对全体员工进行专业培训。既能够提高员工素质也能够有效应对危机，提高图书馆的安全系数。

第五，对各项管理制度、问责制度和激励机制进行完善和改进。查找出管理上存在的漏洞，以及危机爆发中所暴露出来的不足，进行不断改革和不断完善，避免再犯同样的错误。

危机总结中一个重要的方面是要将重点放在取得的经验教训上，以期形成制度和举措，建立长效机制，为今后的危机管理提供支撑。不要将危机总结的重点放在论功行赏或处罚人方面。在危机管理中作了贡献或犯了错误的人和组织，应该让规章制度和法律法规去进行奖励或处罚，这里所说的危机总结应该侧重于对后的危机管理提供参考。

四、公共图书馆危机管理预防平台的构建

建立一个成熟完善的公共图书馆危机管理及预防平台，能够提高图书馆应对危机的管理解决能力，是公共图书馆在网络化社会中必不可少的一部分。在全球化及信息化的时代，公共图书馆应该主动进行改革，逐渐摆脱传统的管理模式，转入现代化的智能管理模式中，将危机预防、解决联系起来，保证信息畅通、决策果断、指挥高效、分工明确、落实到位，才能适应新形势的需求，适应新形势的变化。

公共图书馆危机管理预防平台能够保证图书馆危机管理能力维持在一定的水平上，将危机管理融入日常运营和管理中，能够及时了解实际情况，更新危机战略和计划。除此之外，建立一支高素质、专业性强的管理队伍，也能够帮助危机管理工作的成功进行。有效的公共图书馆危机管理预防平台应该包括危机管理的预备、危机预警系统的构建以及针对危机预防的培训和演练。

1. 公共图书馆危机管理预案

（1）公共图书馆危机管理的计划

所谓危机管理计划，就是指图书馆应该在危机尚未发生时进行紧急预控和处理，组织指挥、安排人员、制定行动方案、配备物资、保持通信畅通、给员工进行培训演练等计划。在进行计划的制定时，可以了解危机所需要的最佳资源配置，同时采取最佳方式获得，可以尽量减少危机管理事件中的不合理行为和错误的观念，使危机管理以更加科学和合理的方式展开。同时危机管理计划并不是个别部门的工作任务，而应该是全体图书馆员工的义务和责任。

危机管理必须坚持预防为主的方针。宣传普及危机事件防治知识，提高

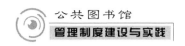

员工的防护意识，学校图书馆危机管理要对图书馆日常工作进行动态监控，加强日常监测，发现病例及时采取有效的预防与控制措施，做到防微杜渐，从小事抓起，重视事物之"苗头"。

危机预防重在平时，要抓好应急队伍的建设和管理、危机应急培训和演练的开展、应急物资的储备等工作。首先要建立一支稳定的有责任感的、定期接受培训和演练，并熟悉危机事件的预防与控制知识，具有处理危机事件的快速反应能力的应急队伍。还要建立一个危机事件应急信息网络平台，使读者了解突发危机事件最新动态，减轻误解和恐慌，也便于有关部门进行指导和干预，降低风险评估和资源管理成本。

（2）公共图书馆危机管理预案的构成要素

公共图书馆危机预案的要素实际上也就是应急预案所要包含的内容。一般而言，建立公共图书馆危机预案应考虑到如下因素：

（1）危机管理小组

危机管理小组的构成主要包括：危机管理小组的使命、核心领导者和部门组成人员、危机管理小组工作相关部门以及各部门的职责和权利、各相关部门组成人员的联系方式，部门成员之间的沟通与合作，以及当危机发生之后如果部门成员无法履行职责时能够迅速替代的人选等。

（2）危机管理所需要的资源储备

首先要了解危机管理中需要的是哪些资源，之后进行预算并用于储备。其次对图书馆现有资源进行检查和统计，并且了解其获得途径。当危机管理资源用完之后如何通过其他途径获取资源，确保供给。储备资源的维护也是必不可少的，统一培训，确保资源利用率最大化。

（3）沟通政策

危机信息一般是以专业和非专业两个途径进行传播和沟通。无论是何种方式，都要及时准确收集信息，将原始信息转化为可利用信息，保证信息之间沟通顺畅。同时处理好图书馆内部及外部之间的关系，保证读者和图书馆工作人员之间有良好的沟通渠道。

（4）媒体管理

不同媒体有特定的对象，对危机的报道方式也有所不同，因此图书馆应该结合危机管理的需求来联系不同媒体，采取不同的传播管理方式，图书馆应有媒体管理人员，熟悉信息网络和操作电脑，较强策划、公关、调研和文笔，且接受专业的培训，了解如何与媒体进行沟通交流，如何解决外界负面报道，如何吸引媒体的注意力等。

（5）形象管理

图书馆应该树立自己的形象，危机爆发中也要尽力采取各种措施维护自我形象。首先要对形象管理人员进行选拔和培训，明确自身的职责和权利。短期内的形象危机公关以及长期形象维持之间保持平衡协调。

（6）危机预警

首先是明确如何建立一个完善的危机预警系统，将任务分配落实到工作人员，明确责任制来确保系统的稳定运营。其次是要对了解危机预警信号的实际意义，进行科学合理的等级划分。最后是要针对图书馆的特殊情况，分析可能存在问题的薄弱环节，详细列举可能发生问题的地方及问题的类型以及危机预警之后应该采取的措施和使用的资源。

（7）危机管理

要对危机管理部门中各个小组进行设立及任务分配，各部门之间工作相互协调和配合，将每日工作集中汇总报告。危机指挥、协调和控制确保信息渠道畅通。同时清理危机可能造成的影响及损失，制定相应策略，如果需要向外部人员求助时保证及时获得支援和帮助，将损失减到最小。

（8）危机重建

危机爆发之后的重建工作是重中之重。首先要预计危机恢复所需时间，采取何种措施能够加快灾后重建速度，以及图书馆各部门的配合及协助。灾后重建工作与图书馆日常运营之间要进行协调，不能产生冲突。

2. 公共图书馆危机预警系统构建

危机预警系统是实现危机预测和报警等功能的系统。目前是当代图书馆进行危机防范中较为有力的工具之一，因为该系统能够在第一时间保证图书馆各个层面工作人员接收到危机发生的通知，为后续的策略的制定提供了充足的准备时间，避免了措手不及和准备不到位的情形。图书馆应该成立专门危机管理小组，组成危机控制以及检查专案小组。运用逻辑推理、科学预测等方法，预测图书馆内外的不稳定因素，预测发展趋势，并掌握其变化过程，最大程度降低危机发生概率和损失程度。除此之外，公共图书馆危机预警系统还可以帮助图书馆在危机爆发之前尽早发现苗头，并将其遏制在萌芽状态。还能够判断分析苗头与危机之间的关系，通过对风险的来源和征兆进行预测和监控，提前向图书馆发出通知，提醒图书馆及时采取行动以应对危机。

（1）公共图书馆危机预测的程序与方法

①危机预测的程序

首先是要对相关资料进行全面搜集和整理。全面的信息资源是危机预测的根据，只有对资料进行详细掌握和了解，才能够准确预测危机。当资料搜集整理完毕之后，再进行处理。包括去伪存真，去粗取精，进一步分析，存储、检索等。

在处理资料的基础上，对结果进行分析。包括引起危机的内因、外因、直接原因及间接原因等。并依照目前危机出现的种种现象分析趋势、征兆和苗头，从而建立科学的分辨办法。

②危机预测的方法

关于危机预测的方法主要有四种，分别是定性评估法、类推预测法、定量预测法以及模拟实验预测法。定性评价法是当统计方法有限制的情况下，无法通过统计调查的方式来进行预测，此时就需要采用定性预测法来评估风险等级。类推预测法是通过类比的方式来进行预测。通过已发生事件的规律及特征来预测即将发生事件的趋势和征兆。定量预测法主要通过统计分析、数学计算等技术方法将资料定量化，建立数学模型，通过软件来预测危机。模拟实验法是建立一个仿真场景，模拟危机从始至终的全过程，获得实验数据，然后对实验数据进行统计分析，从而达到掌握危机发展规律的目的。

（2）公共图书馆危机预警系统建立步骤

第一步要具体分析图书馆的危机的类型建立相应的预警系统。第二步是分析危机源头、征兆与危机爆发之间的关系。第三步是根据分析结果，确定危机监控的主要内容和采取的指标。第四步是确定危机预警系统的类型和所需要的技术设备以及资源。第五步是对危机预警系统进行评估，进行全面了解。如何维护系统正常运转、如何防止系统受到干扰等。第六步是对图书馆工作人员以及广大读者介绍危机预警体系的原理和使用方法，以便当危机发生时能够及时报警。

（3）公共图书馆预警系统的构成

建立一个完整的公共图书馆预警系统，需要包括信息收集模块、信息加工模块、决策模块以及报警模块。危机预警系统的工作流程是：收集信息、分析、转化为相应指标体系，信息加工再整理之后与指标进行对比，从而判断是否需要发出警报。

①信息采集模块的任务是搜集有关危机的风险源和危机迹象的信息。信息采集的设计能够保证危机预警系统的全面性，根据危机的风险源存在的范围确定在建立危机预警系统的信息采集范围。因此，图书馆在进行危机风险源分布的分析时覆盖面要广，否则不能保证危机预警系统对危机的准备。通过选择合适的问责制度和规章制度重新全面制定，以减少或消除关联的利益之间的信息和信息传递。非人为障碍一般是由于系统本身的缺陷或干扰的存在造成的，这就要求系统设计更加完善，并具有较强的抗干扰能力。

②信息处理加工模块的主要功能包括资料搜集，信息识别和信息转化等三大功能。当收集信息之后危机预警系统需要进行梳理和分类，尤其是在信息和危机之间缺乏明显的联系时，信息整理和指标分类更重要。对信息进行核对和分类之后，能够很清晰和明显地掌握整体信息。当信息被分类识别后，危机预警系统会产生一些更全面，真实的和有用的信息。在这个时候，系统可以将这些信息转换成一些简单和直观的信号或指标，有助于系统准备做出决策。

③决策模块的功能是根据信息处理模块处理的结果决定是否发出危机报警,并发出指令给报警模块。在确定依据的决策,以确定在临界点的各个层面的危机预警,这些关键点需要达到什么水平的指标。如果信号或指示不能直接显示是否发生了危机,但只有一个危机的概率,那么它也可以根据危机的大小的可能性,以确定危机临界点的不同的警告级别。

④报警模块的主要功能是当危机爆发时迅速准确地向危机管理人员和受灾群众发送警报,以确保能够有充分的时间采取措施避免受到伤害。报警模块必须与危机管理小组和所有读者建立有效快捷的联系沟通渠道,才能够在紧急情况下对危机进行预报。

(4) 公共图书馆危机预警分析

所谓危机预警分析,就是全方位监测、识别、分析和发现图书馆的种种危机苗头,并在萌芽状态提出警示,以防止进一步蔓延。在图书馆内部主要接收警报的对象为全体工作人员及在馆读者,通过警报来引起大众对危机的意识和重视,并且提前做好相应的准备工作。在图书馆外部主要接收对象为联系密切的读者,通过警报来防止其进一步靠近危机,并且迅速撤离现场。

①危机迹象检测。意味着图书馆危机预警系统的监测和预测的危机是或可能发生,并收集反映了危机的征兆信息标志。使用的监测指标和测量工具,危机因素监测机构,监测结果信息的全过程,并且对信息进行一系列整理和分析,建立相应的模型,形成有效检测结果。

②危机迹象识别。根据危机监测的基础上,判断实际迹象,比较分析收集危机信息的标志来确定危机。图书馆公共关系体系的特定标识是危机的迹象,且是一个重要的危机预防管理方面,从而准确地进行危机迹象识别。

③危机迹象诊断。根据危机的迹象鉴定结果,危机和发展趋势的识别标志的基本原因是通过使用各种有关危机的征兆信息,从而为危机预警和防范的基础预测。

④危机迹象评价。为了评估已确定危机的主要标志,以便明确图书馆危机的影响下将遭受什么损害。关于危机迹象的评价两个主要方面:一方面以

评估正在由已确定的危机来确定损失，另一方面以评估在可预见的将来可能发生的损失。危机的迹象可能发生的损失进行评估的结论是图书馆的危机管理决策的基础。在危机发生之前，图书馆管理层和相关部门负责人可以对全馆的资源库存所造成的危机损失进行评估，并据此采取相应的对策。

3. 公共图书馆针对危机预防的培训

即使危机管理中所有应对措施都已经足够完善，但如果不对这些危机管理措施，防范平台进行测试和改进，就无法得到改善和提高。因为，即使是最完善的措施，技术人员操作没有发生危机的情况，只能是"事倍功半"的所谓"无米之炊"。因此，加强对危机管理人员的培训十分重要，一方面能够提高管理人员的熟悉程度，提高应对危机的能力，同时还能够对应急计划进行检测和完善。

（1）危机预防培训的原则

开展危机预防培训，是防患于未然的重要举措，应坚持以下几个方面的原则：

①定期培训原则。图书馆危机预防培训应形成常态，制度化、规范化，坚持定期开展，未雨绸缪，防患于未然。平时做好充分准备，危机来了就可以正确应对，切忌三天打鱼，两天晒网。

②点面结合原则。图书馆危机预防培训既包括对内部危机管理工作小组的专业性培训，又包括对流动性较大的读者群的应急演练，既要做好重点环节、重点工作，又要坚持群防群治，走群众路线。

③责任到人原则。危机预防应组建好工作小组，责任到人，切忌责任不明，互相推诿。危机预防培训也要细分，针对不同人员的工作，有针对性地开展，切忌大而空，没有针对性。

④能力目标原则。危机预防是一项严肃而重要的工作，要保障真正落到实处，培训时就不要只拘泥于知识的传授，不能只看形式走过场，重要的是预防观念的确立和防控能力的获得。

（2）危机预防培训的形式、内容和要求

有效的培训可以增加团队对潜在危机的意识，增加管理危机的经验，在实际运营中减少人为错误，并减少部署在现场耗时资源。模仿在紧急情况下可能发生的种种变化，有助于锻炼队员的应急能力。该培训能够帮助员工了解信息的媒体人员所追求的类型，帮助员工熟悉如何准备应对紧急情况。

①培训形式。既可以选择讨论会、观摩录像、案例分析、交流报告会等形式，也能进行计算机模拟、现场演戏等方式。通过多种形式的学习，管理人员相互讨论和交流，引发危机管理人员的思考，全方位调动积极性，提高危机中的反应速度。

②培训内容。培训内容包括心理培训、危机管理知识培训、危机处理基本练习、现场培训等。通过这些培训的实际参与，可以让图书馆员工的心理素质得以加强，同时对公共图书馆危机管理知识得以巩固、基本功得以扎实。还可以通过互动、问答，加深对公共图书馆危机管理相关知识的了解。应当强调的是，通过这些培训，可以真正做到将公共图书馆危机管理知识深深扎根所有工作人员的头脑中。本培训是为了有效化解危机，保持公共图书馆的声誉和形象。

③培训要求。图书馆人员要善于分析各种潜在危机，在危机管理的过程中，权衡收益和危机管理的损失；总结公共图书馆的危机防范平台建设的主要问题和主要矛盾，在分析危机事件的根源和危机管理的过程中，总结了经验和教训，并提出技术和管理意见，组织和公共图书馆的危机管理和预防平台的操作过程中，要进行必要的改进，对相应的滞后系统可以进行改革，如何改变现状，转危机为机会的终极理想状态，有效防止危机再次发生。

第九章　中外公共图书馆创新发展案例

世界进入飞速发展的时代，随着互联网的普及，人们获取知识的途径不只是纸质书，还有电子读物。虽然电子阅读方便快捷，但对青少年的经典阅读却是一个挑战。而青少年是吸取知识的关键期，他们不能被碎片化的阅读或电子游戏占据大部分时间，他们需要科学的引导，需要公共图书馆开展一系列活动的引导，需要家长参与的亲子阅读，需要有趣的活动辅助阅读。对成年人来讲，如何便捷地借还图书，文旅如何融合，图书馆如何给研究和创业的人们提供信息便利。对残疾人来讲，如何让他们也能享受阅读的快乐，实现公共图书馆的公益性，以上诸方面，中外公共图书馆的图书馆人和有关部门都积极探索，在实践中都积累了丰富的案例，本章对其加以搜集整理，供大家参考。

第一节　北京市公共图书馆创新发展案例

首都图书馆填补"数字鸿沟"适老化的实践

信息技术的发展，使得大部分老年人跟不上时代的步伐，因此，产生了"数字鸿沟"。单从享受图书馆服务方面，就给老年人带来不便。为切实解决这一难题，让老年人享受"智慧生活"，首都图书馆采取各种有效措施，使服务方式优化，把服务内容升级，比如，入馆无设防、提高图书馆适老化程度，举办老年智能技术教育。在这里，传统服务方式与智能化服务创新一并采用，使老年群体享受到公共文化服务，社会反响良好。

一、取消老年群体入馆门槛

去首都图书馆，可以在线上预约，因为老年人不善于从网上预约，根据这一情况，首都图书馆就针对老年人取消了这一规定，比如，年龄在 60 周岁或以上的读者，拿着身份证或老年证就可以登记入馆。而且，老年读者现场登记入馆，多少都可以，不受人数限制，使得老年人在信息化时代，可以尽情享受海量的文化资源。

二、全方位改善图书馆适老化状况

首都图书馆具有前瞻性眼光，早在建设新馆时，就从关爱老年人的残障碍人士的角度出发，开设了康复文献阅览室，并从硬件的配置和文献信息服务等诸方面，为老年人和残障人士提供方便。

如果你走到首都图书馆，就会发现，图书馆外划有无障碍停车位，设有轮椅坡道；走进图书馆内，会发现无障碍标准间、专门为残障人士设置的出入通道、座位等设施，在总服务台和康复文献阅览室还配备了数台轮椅及电动轮椅等，这些，都方便了老年人或残障人士。

在为老年人提供阅读服务时，老年读者在康复文献阅览室能够读到报刊、图书、大字版图书以及盲文图书等纸质资源。另外，这里还有免费的老花镜、放大镜等，以及多种辅助阅读设备，如有声朗读机、具备放大功能的电子助视器、智能听书机等。多种适老化设备以及服务，让老年读者以适合他们的方式获取信息化时代需要的信息，使阅读没有距离，服务没有阻碍。

另外，光有机器还不行，在自助借还机、自助查询机等自助服务设备处，首都图书馆还配有工作人员，协助老年读者进行阅读活动。每一个阅览室都优先给老年读者提供查询、取书以及复印等，以上的各种服务，都给老年读者更亲切、更有人情味的感受。

三、举办老年智能技术教育

培训和讲座，也是帮助老年读者跟上时代步伐的好的方式。首都图书馆早在 2014 年就开始举办电脑技能方面的公益培训。经过两个月的培训，老年读者基本学会了上网聊天、文件下载、查询资料、浏览新闻等技巧。

北京市公共图书馆"政社合作"模式梳理

一、通州区公共图书馆的"科技星期天"

公共图书馆为读者提供的，不仅应对读者提供阅读服务，还应根据读者及大众需求，向社会提供多方位的知识服务。

2013 年被文化部评定为国家一级公共图书馆的通州区公共图书馆，自 2016 年开始就公开招募社会组织，目的是集纳更多的社会组织力量，参与建设和管理公共图书馆，满足读者的需求。社会组织参与公共文化服务志愿活动，宗旨是推动文化志愿、奉献社会。

在国家鼓励社会组织参与公共服务政策的推动下，通州区科技协会顺势而为，与区政府及通州区公共图书馆达成共识，在通州区公共图书馆开展服务项目——科技星期天。

合作方分工明确，各负其责。通州区政府负责政策支持和宣传以及资金支持；通州科技协会负责科技教育。为了保证合作的有序性，大家各自建立相应的制度。

通州区科协志愿工作人员在科普活动中发挥了专业能力，他们都是在充分调研和策划的基础上对内容把关，提供改善方案。每个月举办三场讲座，受到大家的普遍认可，成效良好。

为了吸引稳定听众队伍，通州区科协还提出建立会员制，充分提高会员的科学素养。

讲座受到大家的普遍欢迎，每次结束后，大家意犹未尽，向主讲者争相索要 PPT。还有一些听众，则通过邮箱或快递得到讲座资料。

二、西城区第一公共图书馆的"送书上门"

公共图书馆和社会组织，各自具有特有的资源，双方实现更好的合作，可以实现共赢。

北京西城区第一公共图书馆占地 1 万多平方米，藏书 70 万册，馆内文献资源比较丰富，

有旅游、音乐、古籍、地方文献、参考文献等资料室，还有为视障人士配置的阅览室，满足各种读者的多元化需求。

而西城区社会组织联合会，也在积极作为，展示自己的能力，树立自身的形象，在政府需要解决的问题中寻求自己的服务内容，打下合作的基础。

社会组织的优势是自身资源的丰富与政府所缺资源可进行互补，双方资源的不对等为西城区社会组织联合会与区政府合作带来了可能，为此，西城区政府与社会组织联合会拟订了一系列制度，为合作成功提供了制度保障。

合作实现了共赢。西城区社会组织联合会通过西城区第一公共图书馆，为行动不便的读者提供送书上门的服务，受到特殊读者的好评，达到理想的合作效果。

三、东城区第一公共图书馆的"馆店合作"

利用天然的地理优势和本身条件，寻求图书馆和书店之间的合作，也是一种较好的范式。

东城区第一公共图书馆总面积有 11780 米，馆内的服务窗口齐全，有少儿、创意文献、地方文献、视障人士阅览室等。

东城区有阅读推广联盟，著名的王府井书店就坐落在该区。东城区政府和以上单位合作，办起了东城区第一公共图书馆分馆——王府井图书馆，使之成为"馆店合作"的范例。

如此合作，堪称强强联合。东城区政府在政策和经济方面，有良好的资源，东城区阅读联盟有专业人员，还有品牌化活动构思和先进的项目管理经验，以东城区第一公共图书馆作为媒介，馆店合作。同时，还有规章制度作为规范和保障。

如此一来，双方发挥了各自的优势，政府通过投入资金和以政策支持，社会组织调研沟通、搜集资料，公共图书馆进行政策的制定，达到了较好的合作效果。

第二节　天津市公共图书馆创新发展案例

天津滨海新区的阅读及文化传承活动

一、开展读书活动

（一）编制中华优秀传统文化荐读书目

中华优秀传统文化典籍汗牛充栋，而青少年又是亟待补充中华优秀传统文化营养的渴求者，面对海量的文献，如何找到适合他们阅读的图书？

天津滨海新区图书馆急青少年所急，从青少年的阅读需求和适应性出发，不辞辛劳，从海量的文献中选出适合其阅读的各类经典，编制了《中华优秀传统文献推荐书目》。

图书馆的这一少儿阅读服务，引起了很多小读者的浓厚的阅读兴趣。

喜雨"润物细无声"。小读者在科学规范书目的引领下，从阅读一篇篇简单的文章开始，循序渐进，由浅入深，通过一定量的阅读，被博大精深的中华文化所吸引，阅读能力也渐渐提升，不仅增长了知识，提高了文字与语言的感知能力与写作表达水平，个人的综合素养也不断提高。

（二）打造精品荐读主题活动，提升少年儿童阅读鉴赏能力

滨海新区图书馆通过阅读主题活动，为青少年读者打开了一扇领略中华优秀传统文化之窗。

为通过周期性的阅读，让亲子家庭养成良好的阅读习惯，滨海新区图书馆推出"阅读家计划——国学启蒙"系列主题活动。该活动采取线上共读及线下导读相结合的方式进行。

随着活动次数的增加，孩子们对阅读产生了兴趣，通过阅读中华优秀传统文化元素的绘本，接受了中华文化的熏陶。

（三）树典型，强化身边优秀人物的引领作用

滨海新区图书馆举办的少儿阅读活动，在广大青少年中引起了热烈反响，涌现出一批典型案例和优秀人物。滨海新区图书馆抓住"名人效应"，举办"阅读分享会"，邀请这些优秀小读者现身说法，讲述他们读书心得，分享他们的读书经验，由此，吸引了更多的青少年爱上阅读，爱上经典。

二、以中国节日为抓手，举办中华传统文化讲座

中华文化博大精深，勤劳智慧的中华民族在长期的生产生活中积累了丰富的节日文化，滨海新区图书馆以此为抓手，围绕弘扬中华优秀传统文化这一主线，举办"中华传统文化长廊"系列少儿公益讲座，有计划地在国家法定节假日以及中小学寒暑假推出。通过讲述节日由来、历史故事，给听众带来精彩的中国传统民俗文化知识。每场讲座，读者都可以选择亲子家庭共同参与，家长和孩子共同听讲，一起成长。

身边的事物和文化，都会和传统文化结合起来，用它们来讲中华优秀传统文化，易于孩子们理解和接受。比如，小小的筷子，是中国人传统的用餐工具，它的使用，也是有礼仪的，筷子文化主题讲座，使孩子们窥探了中华饮食文化。汉字在中华文化的天空中绽放着独特的光彩，说文解字系列讲座，引孩子们领略大美汉字。灿烂的中国古诗词，放射着夺目的光彩，古诗词鉴赏讲座，不仅让孩子们感受诗词之美，陶冶性情，也可以让孩子们尝试赋诗填词。中国五千年的历史和优秀传统文化，一点点进入孩子们的视野；热爱祖国的种子，深植于孩子们的内心。

三、开展非遗文化传承活动，让孩子们感受和热爱非遗

滨海新区，传统文化与现代文化交融，沉淀着 25 项非物质文化遗产，它们记录着一段段难以忘却的历史，展现着滨海新区的文明递进。这些遗产需要下一代不断传承下去，这就要从孩子们抓起，让他们知晓、感受、热爱。滨海新区图书馆和新区各中小学校定期开展非遗进校园活动，邀请非遗传承人进校园，讲述各自的非遗故事，让孩子们感受中华古老文化的深厚底蕴，以及浓郁的地方特色和淳朴的民俗风情，培养孩子们对非遗的兴趣和热爱，让孩子懂得传承非遗的责任。

第三节　河北省公共图书馆创新发展案例

河北：推动文旅融合共建共享，拓展景点服务功能

一、改造图书馆空间功能

河北省文旅厅牵头，对省图书馆部分空间加以改造，打造互动性、体

验式的旅游数字展厅。该展厅利用科技手段，全维度调度人们的视觉、听觉、触觉与嗅觉，实现数字化互动体验的全面升级。对河北省的旅游资源进行全年龄、分类别的介绍，特别是针对亲子游、研学游、全家游等主题重点推介，增加各年龄段消费者的旅游选择；内容可时常更新，实现长期运营。展厅中的数字化内容都可链接云端，通过内容的替换和更新，使线上和线下实现一体化。河北旅游数字展厅能切合图书馆信息传递的功能性，还能确保旅游资源宣传的有效性，还能将河北省旅游目的地、旅游线路及旅游产品进行充分整合，使河北旅游项目扩大了知名度，提升了河北文旅融合的品牌价值。

二、"太行天路文旅驿站"

读万卷书，还要走万里路。读书，也不限定于图书馆之中，还要走出去，亲身感受散布于大地上的文化和购物。文旅结合，也是图书馆服务广大读者的良好途径。河北省新修建的井陉"太行天路"，串起了沿线 27 个村庄的多个革命历史遗迹、旅游景点，使红色文化、民俗文化、建筑文化相连，"天路"成为当地人民的致富路、幸福路。

河北省图书馆数字驿站选取"太行天路"上于家石头村、南横口陶瓷水镇、大梁江古村落、吕家村、塔寺坡 5 个具有鲜明特点的古村落，连片建设，文化驿站都在"井陉天路"沿岸，这里，历史悠久，民俗文化多样，旅游资丰富，交通便利。河北省图书馆在每个驿站设置现场互动显示屏，开设微信公众服务平台，整合文化和旅游文献信息资源，挖掘整理景点内容，把图片、文字、音频、视频相结合，带领公众更深入和广泛地了解景点的历史文化和传统民俗。河北省图书馆文化旅游数字驿站运用手绘地图与动漫标识形象，结合智能景区导览，特色语音讲解、文旅话事人、知识点、打卡点、最佳取景点等功能，向公众提供时尚便捷的文旅服务。

三、易县图书馆景区分馆

河北省易县，有三个旅游景区——清西陵、太行水镇、易水湖，易县图书馆在这里启动实施图书馆景区分馆建设，共购置图书1.5万册，充实了景区景点的文化资源。易县图书馆还积极引入社会力量，开办"听松书院"分馆，馆内收藏2万册图书，免费供村民借阅。易县图书馆每个月还举办一期公益文化讲堂，传播易县的地域文化和悠久历史，受到广大游客和当地群众的欢迎。在寒暑假，易县图书馆免费组织周边乡村少年儿童开展活动，举办阅读、书法、绘画、音乐、舞蹈、演讲、主持等培训，通过文旅融合，活跃当地文化生活，推动乡村振兴。

第四节　山西省公共图书馆创新发展案例

山西省图书馆文化旅游实践

一、旅游专题讲座

公共图书馆服务读者的一种常见的方式是举办公益讲座。山西省图书馆利用本省丰富的旅游资源，开展讲座，在文化旅游方面进行了有益的尝试。

2016年，山西省图书馆就开始举办"发现山西"系列讲座，在向公众宣传山西，实现公共图书馆和文化旅游结合，提升公民素养方面，取得了较好的效果。

二、非遗技艺演示活动

非物质文化遗产是先辈们一代代凝聚了汗水和智慧创造出来的宝贵财富，

邀请当地的非物质文化传承人现场说法，能达到直观可信、生动传神的效果。山西省图书馆邀请当地非遗传承为孩子们讲述山西非遗文化并展示有关非遗的制作流程。孩子们在聆听并亲自操作中，增加对山西文化的了解和认同，达到宣传本地非遗技艺、宣传本地旅游文化的目的。

第五节　包头市公共图书馆创新发展案例

包头市图书馆：少儿阅读

一、"妈妈帮亲子阅读主题交流分享会"

少儿阅读在人生成长过程中具有十分重要的意义，但少儿的阅读离不开成人的指导和帮助，尤其是家庭的帮助。包头市图书馆明确认识到这一点之后，于 2016 年 2 月建立了"妈妈帮亲子阅读主题交流分享会"（以下简称"妈妈帮"。"妈妈帮"的设立，有 4 个目的：一是妈妈帮孩子。在"妈妈帮"阅读交流会上，家长借助图书馆信息资源丰富的优势，引领孩子阅读。二是孩子帮妈妈。通过亲子阅读，使妈妈不断找出适合与孩子沟通交流的教育方式，促进父母和孩子一起进步。三是妈妈们共同收获。妈妈们因"妈妈帮"相聚相识，有了沟通交流分享的机会，可以相互帮助，共同提升。四是成为一个团体。"妈妈帮"在阅读推广活动中发挥了公共图书馆教育和阅读指导的功能，图书馆馆员还能利用读者信息反馈，更全面地审视亲子阅读活动的效果。

二、"敖包书屋"亲子阅读主题系列活动

受地域和城乡差别的限制，边远或乡镇一级的图书馆资源及服务有限，这就需要公共图书馆付出更多的努力，使基层地区的读者享受到公共图书馆

的文化服务。

内蒙古自治区包头市辖 10 个旗县区，而且各区域跨度大，各苏牧、嘎查图书资源有限，为了缓解这一现状，使市内各个地方，特别是牧区的少儿读者 能平等地获取图书资源，包头市图书馆于 2017 年 5 月发起"'敖包书屋'亲子阅读主题系列活动"（以下简称"敖包书屋"）。他们采取"引进来"和"走出去"两种方式。"引进来"即通过宣传报道、创新活动形式内容，吸引更多的少儿读者到图书馆参与阅读活动；"走出去"即通过延伸服务范围至包头市各旗县区以及苏牧、嘎查，来提高少儿读者的阅读率。同时，包头市图书馆还建立"敖包书屋"微信群，开展多种多样的线上阅读推广活动。

第六节　上海市公共图书馆创新发展案例

上海图书馆智慧空间服务

当今，科学技术突飞猛进，必然给图书馆管理工作带来革命性的变化，给读者阅读带来更大的便利。上海图书馆在为读者服务时，采取了一系列智慧化的服务方式，扩大了服务范围，提升了服务质量。

一、智慧化空间服务

上海图书馆设置完善的数字体验区、创·新空间等，还定期举办专业竞赛与知识讲座；24 小时自助图书馆具备办证、查询、借还等功能，馆内外 24 小时均可提供借还服务；音乐欣赏室及影视观摩室设有专业的视听设备和隔音设备，提供给读者沉浸式视听体验。

"创·新空间"是上海图书馆基于广大读者的需求，在大量调研国内外公共图书馆、学校图书馆和企业图书馆等各类图书馆的基础上于2013年推出的。结合本馆优势，上海图书馆从资源、人员、物理空间三个方面向读者提供了全方位的服务。

第一，在资源方面，上海图书馆优化馆内资源，剔除了重复、时间长的纸质文献资源，整理馆内各类数字资源；引进各种先进设备，并附有产品知识介绍。

第二，在人员上，要求"创•新空间"的馆员除具备一定的学科背景和专业知识外，还要熟练资源的检索等技术，能够参与创客整个创意的激发到实现过程。

第三，在物理空间上，其内部有阅读、设计、专利标准服务、IC共享、全媒体交流体验、创意设计六大功能区，读者或创客在此可查阅相关资料，亲身体验创意设计，提升创新创造的效率。

二、智慧化馆舍服务

上海图书馆充分利用RFID技术，配置自助办证机、自动查询机、触屏阅读机、智能图书盘点机、智能图书分拣设备等。2018年，上海图书馆引入Pepper机器人，用语音和图像与读者沟通，完成咨询和引导工作。该馆还定制化开发利用3D摄像头扫描识别图书借阅相关信息，向读者推荐相关书籍。智能机器人的利用，打破了图书馆人力资源的局限，使馆员有了更多的时间与精力投入图书馆管理，也为读者提供了更加便捷和人性化的服务。

三、智慧化读者服务

（一）智慧借还服务

科技的发展，为读者从图书馆办证、挂失和借阅都带来了便利。

上海图书馆支持官网办证和微信服务平台办证，支持官网挂失和自建移动客户端挂失，为读者提供便捷服务。在借阅方面，读者可实现扫码借阅，不用带实体借阅卡。读者续借图书时，可通过官方网站、微信服务平台、支付宝服务平台、自建移动客户端 4 种途径办理。

（二）智慧咨询服务

上海图书馆有 QQ 和微信等智慧咨询平台，可为读者提供日常化的社交平台，读者可直接和管理者沟通。线上线下，上海图书馆引入了咨询机器人，同时，还有人工服务上帮助用户继续咨询。

（三）智慧检索服务

上海图书馆官网主页嵌入了 iPac 图书目录查询系统，书目查询标签页上有基本、高级、多项辅助和历次 4 个标签页。读者可以检索结果界面，依据著者、题名、出版日期加以排序，可以选择书目新增或移除"我的书目选单"。

此外，上海图书馆还为读者提供智慧资源服务。

上海：阅读活动遍地开花

上海把阅读活动推广到图书馆、书店、校园、社区等地，举办丰富多彩的阅读活动，使整座城市充满书香。

一是"上海童话节"活动，每年从六一开始，到暑假结束。项目有亲子朗读、名家讲堂、书画比赛、摄影展览、少儿编程等，还有荐书项目，让青少年选读优质图书，尽享书香。童话节还推出"亲子朗读声音档案"征集活动。入围百强者会在网络电台等多媒体平台播出，被刻成光盘的音频会成为永久的记忆。

二是"亲子故事会"项目。上海市的故事妈妈志愿团队发起"故事妈妈讲故事"活动，服务于 3 ~ 6 的儿童，已成功举办数百期。孩子们在故事妈妈生动的演绎中感受书中的奥妙。上海迪士尼度假区企业和浦东图书馆合作举办的"迪士尼亲子故事会"，迪士尼卡通图书加玩偶服装，再加上明星演员助兴，让迪士尼的故事深入无数家庭。

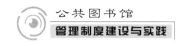
第七节　浙江省公共图书馆创新发展案例

建德图书馆全民阅读推广服务

为响应全民阅读的国家发展战略，建德图书馆想尽各种办法，推动这一战略的实施。

建德图书馆位于杭州建德市桥东板块江滨景观公园内，地理位置优越，阅读设备齐全，功能设施完善、藏书数量丰富。依靠这些良好的条件，建德图书馆举办多种形式的全民阅读活动。

一、建立组织，开展线上推广

人们的阅读方式和过去相比发生的较大的变化，阅读不再是单一的纸质阅读，电子阅读的人也很多。针对这一现实，建德图书馆完善了线上阅读推广内容，建立了线上数字图书馆，借助微信平台开通线上阅读推广服务渠道，满足市民视听、触摸、多媒体等多方面阅读需求。比如，建德图书馆在其专属微信公众号上开设了二十四节气画说阅读推广活动，为市民科普节气的由来和以及不同地区的节气习俗，分享与节气相关的美食及做法，同时也传承了中华民族优秀传统文化。2022 年 2 月，建德图书馆向全体读者开展了"百科知识我最棒"线上知识竞答活动。读者在参加竞赛的过程中，提高了百科知识的学习热情，成绩优秀者获得精神和物质上的奖励，带动了大家参与阅读的积极性，取得了良好的社会效果。

二、强强联手，推广全民阅读

从 2013 年开始的"新安读书节"系列活动，是建德市委宣传部和建德市文化和广电旅游体育局联合打造的公众文化品牌，是丰富多彩的全民阅读活动。政府积极号召，市民踊跃参与，有效调动了全社会的读书热情。另外，建德图书馆还加强了对青少年阅读的指导，联合建德市给美绘本馆开展了"悦享童年绘本驿站"线下儿童绘本阅读活动，供全市3~7岁的儿童年及家长报名参与。并且，建德图书馆邀请了专业的幼儿教师，对参与活动的儿童进行绘本讲解，引导儿童理解绘本，并带领儿童及家长进行与主题相关的亲子手工制作，帮助市民建立了完整的家庭阅读体系，达到了图书馆与家庭共建的目的。

三、开办特色阅读推广活动

创新就要有思路，阅读推广，创新阅读方式，是提高全民阅读兴趣的较好的方式，建德图书馆组织了多场集趣味性、推广性、全民参与性的阅读活动。如自2019年开始，建德图书馆加入了浙江省公共图书馆"阅读马拉松"挑战赛，要求参赛者在6小时的挑战时间内完成集体式的专注阅读。参赛者通过长时间专注阅读，提高了自身的信息处理能力和专注能力，收获了深度阅读的体验，培养了阅读习惯。

四、寻求合作，扩大推广范围

为进一步满足市民个性化阅读的需要，让市民更加便捷地阅读，自2017年开始，建德图书馆与新安书城合作，开展"你借书，我买单"活动，把购买图书的权力交给读者。通过"一键借阅"服务平台，读者可以在线下单借阅任意书籍，图书由快递送到读者家中，也可以上门取书代还，读者实现了随时、随地阅读。"暑期我来献爱心"是建德图书馆打造的未成年人阅读推广活动品牌，2008年创办，每年暑期，都会招募小学生志愿者。图书馆对上岗前的小志愿者进行专业培训，通过专业学习和实操，小志愿者更加爱上了图书，爱上了阅读。

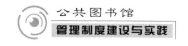

温州的城市书房

艺术最忌千篇一律，建筑也是这样，作为储藏知识的所在，温州市的城市书房各呈其状，丰富多彩。

围绕"一主题一书房一特色"的理念，温州市充分挖掘当地特色文化资源，打造不同类型的个性化书房，使其既展示了当地文化特色，又满足了读者多元需求。其主题可谓丰富，如，温州俚语、渔灯文化、石斛文化、海洋文化、畲乡文化、耕读文化、矾矿文化、汽车文化、海洋文化、时尚设计、瓯塑文化等。城市书房成为温州公共文化的金名片。

相当于温州市民人均年享受城市书房便捷的公共阅读服务 1.5 次，读者对城市书房满意率达到 98% 以上。这些老百姓家门口的"书房"，不仅是一个温暖的文化符号，也成为温州城市新的文化地标、全国公共文化服务领域最具影响力的品牌之一。

第八节　山东省公共图书馆创新发展案例

山东省图书馆公共文化服务实践

公共图书馆作为向广大读者文化服务的公益性机构，在新时代有着多种形式选择。山东省图书馆在公共文化服务方面，守正创新，更新服务，不断开创工作的新局面。

一、拓展阵地服务

普遍均等是公共图书馆必须坚持的原则。山东省图书馆不断延伸服务范围，加强分馆及流通站的建设，积极推进分馆建设，截至 2022 年 4 月，全省已建成图书馆分馆、城市书房等近 5000 个，各级公共图书馆成为全民阅读的重要阵地。

从 2017 年开始，山东省图书馆就与省新华书店合作，推出"您选书，我买单"活动，读者凭山东省图书馆的读者证到新华书店或山东书城，选择自己想读的图书，山东省图书馆就可"买单"，读者看完书后，可直接把图书归还至图书馆。2021 年，山东省图书馆升级了该活动，增加了单次借阅图书数量和年借阅图书总量，延长了借阅图书的首次出版时间，给读者增加了更大的选择空间，受到读者的好评，同时，也解决了因图书加工上架周期长而造成的时效性差的问题，使图书馆精准掌握读者阅读需求，避免了资金浪费，提高了服务效能。

2014 年，山东省图书馆设立了"光明之家"，作为图书馆关注社会弱势群体读者的一项重要举措，它是专为老弱病残读者、外来务工人员设置的公益性阅览室，该室配有电脑、智能听书机、盲人手机及盲人音响等设备，联合各级地方残疾人服务机构和公共图书馆开展丰富多样的培训和服务活动。少儿部针对盲聋哑儿童开展阅读点亮心灯——弱视弱听群体阅读提升项目，为他们提供阅读指导服务；针对自闭症儿童，图书馆开展"会说话的绘本"帮扶自闭症儿童康复项目，鼓励他们讲故事，锻炼其语言表达能力。

二、推进数字化建设

作为承担省文化信息中心职责的山东省图书馆，数字化建设是其重要内容。该馆充分开发新技术，开放多种数字资源库，让有读者证的读者在馆外即可访问馆内数字资源。山东省图书馆使山东公共文化云线上功能得到充分发挥，推进"山东公共文化云"省—市—县三级技术架构升级，使各市县级公共场馆建设积极推动，注册公共文化云。通过打造以手机端为主的互动式服务平台，读者可以阅读到多种类型的电子图书。

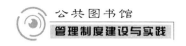
三、弘扬优秀传统文化

"图书馆＋书院"，是山东省提出并实施的传承中华优秀传统文化的有效形式，并因此在省、市、县级图书馆设立"尼山书院"，使中华优秀传统文化深入人心。

山东省图书馆积极推行上述模式，推出诵读、国学讲堂、道德模范讲座等，使用户身临其境，互动体验。礼仪教育及其他民间艺术活动，现场体验碑刻拓片等，也培养了群众的文化情趣。

四、融合文旅服务

文旅融合，是发展文化事业和发挥公共图书馆价值的重要方式，山东省图书馆通过优化文献资源配置、全面梳理整合数字资源等手段，助推线上文旅；尼山书院与大明湖景区联手，开发国学讲堂，进行国乐杏坛丝竹雅集夜间演出，实现文旅深度融合；建成并开放3000平方米的文创空间，吸引读者到馆体验；编选文化旅游融合方面的资料，深入研究探讨旅游与文化。

济南市图书馆志愿者服务

一、成立"书香泉城"志愿者文化服务队

在公共图书馆的文化服务对象是读者，没有读者，图书馆也就失去了存在的价值。在公共图书馆建设中，当然也少不了志愿者的身影，志愿者是图书馆建设的重要帮手，是图书馆各项活动的重要参与者。

早在2012年4月，济南市图书馆就成立了"书香泉城"文化志愿服务队，至今已有近两万名注册志愿者。2015年4月，青年志愿服务站产生，随之，"书

香泉韵"等新志愿组织成立，这是一所由济南高校、中学、媒体及企事业单位组建的社会团体，素质高、专业化。

规范的实施方案和服务标准、完善的志愿者管理机制及量化考核机制，使"书香泉城"文化志愿服务队越来越显示出其能力，"互联网＋志愿服务"成为他们专业管理和宣传的阵地，团中央的"志愿中国"和济南市图书馆的"济图志愿"微信公众号是他们发布活动预告、定向招募、考核，岗位与人员双向选择的平台，而且，"济图志愿"为全国公共图书馆领域唯一的一个志愿者专用公众号。

二、设置"阵地服务＋特色服务"的志愿者服务模式

现代公共文化服务体系中，文化志愿活动是重要一项。济南市图书馆文化志愿服务把阵地服务和特色服务相结合，探索出一条成功的服务模式。

济南市图书馆新、老两个馆舍、26家书房，作为志愿者服务的主阵地，"书香泉城"为其全民阅读的平台，其主办的公益讲座、尼山书院国学讲堂、读者沙龙、公益培训等，为广大读者带来了文化盛宴，也为志愿者服务提供了活动的时机。

利用自身特长，志愿者服务策划了阅读马拉松、法律知识普及、艺术培训课堂、健康卫生等讲座，给市民及读者带来的精神文化大餐。

济南市图书馆还组织济南大学的硕士志愿者队伍，利用各种节日，先后组织各种活动，几百场次，还多次组织志愿者去各单位送去阅读分享课。

临沂公共图书馆创新发展的路径探索

创新发展是指依靠创新实现发展的一种模式，与传统的初级发展模式相比，创新发展是发展的高级形态。那么对于公共图书馆而言，与时俱进地创新发展非常重要。如果没有创新发展，公共图书馆事业就难以紧跟形势、满

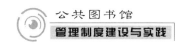

足不断变化和发展的群众需求，就不能前进和发展甚至还会危及生存。

一、公共图书馆创新发展的重要意义

党的十九大提出，要发展中国特色社会主义文化，激发全民族文化创新创造活力，建设社会主义文化强国。创新是引领发展的第一动力，也是时代的主旋律和最强音，要以创新的理念推动文化事业和文化产业发展，不断完善公共文化服务体系。党的十九届四中全会提出，要深化文化体制改革，加快完善遵循社会主义先进文化发展规律，体现社会主义市场经济要求，有利于激发文化创新创造活力的文化管理体制和生产经营机制。要坚持创造性转化、创新性发展，激发全民族文化创造活力。因此，坚持创新性发展是推动公共文化服务体系不断完善的重要路径，也是提升公共文化服务部门治理体系和治理能力现代化的必然要求。

公共图书馆是我国公共文化服务体系的重要组成部分，公共图书馆事业的创新发展有赖于正确的理论导向和实践指南。1994 年第三版《国际图联联合国教科文组织公共图书馆宣言》鼓励各国公共图书馆走创新发展之路，2008年中国公共图书馆学会颁布的《公共图书馆服务宣言》提出"以服务创新应对新时代的挑战"，2018 年颁布实施的《中华人民共和国公共图书馆法》也为公共图书馆改革创新保驾护航，正是这些理论的正确指导和法律政策的保障，对我国公共图书馆有序前行和创新发展起到了积极的推动作用。因此，新时代如何坚持创新发展让公共图书馆充满活力，更好提升人民群众对公共图书馆服务水平和服务质量的满意度，是新时代公共图书馆人要研究的重要课题。

二、公共图书馆创新发展的时代要求

人类社会正在从信息化、数字化时代迈向智能化时代，我们已经能够感受到智能交通、智慧医疗、智慧教育、智慧金融等所带来的更加主动、贴心、便利的生活体验。

智能化时代的到来和自媒体终端的广泛应用使得公共图书馆进入后知识服务时代，可以说公共图书馆传统的服务和管理的每一个环节都受到前所未有的挑战和冲击，比如服务理念滞后、服务模式落后、管理制度陈旧等都是公共图书馆事业发展的瓶颈。在这种情况下，公共图书馆的创新发展成为一种必然，也成为一种常态。

但创新应该是一种科学行为，而不是为了赶时髦而盲目创新。公共图书馆事业创新需符合公共图书馆工作发展规律，应更注重公共图书馆服务能力和服务质量的提升，增强公共图书馆综合竞争力，提高读者满意度，让公共图书馆充满生机和活力，最大化实现公共图书馆的社会效益。

三、临沂市图书馆创新发展的探索与实践

临沂市图书馆按照构建现代公共文化服务体系的总体要求，坚持创新性发展，创新服务理念，创新服务模式，创新制度改革，积极探索出了一条精细管理、精准服务、效能提升的公共文化服务新路径，推动内部管理的科学化、精细化，推进公共文化服务高效化、精准化，激发公共图书馆体制机制的活力，实现公共图书馆可持续发展。

1. 创新服务理念，提升服务效能

公共图书馆服务是公共图书馆立足于社会之本，服务理念就是公共图书馆行业的核心价值，因此，服务理念创新是公共图书馆事业发展的首要问题。范并思教授说，现代公共图书馆行业的核心价值就是提供优质服务，促进阅读与终身学习，追求科学管理，开展社会合作。基于此，临沂市图书馆创新服务和管理理念，一是从传统管理理念向科学管理理念转变，提升服务绩效；二是从人治管理理念向法治管理理念转变，实现法律保障；三是从封闭式管理理念向开放式管理理念进行转变，开展社会合作。

临沂市图书馆认真落实《公共文化服务保障法》和《公共图书馆法》，坚持"政府主导，社会参与"的办馆理念，引进社会力量，参与公共图书馆管理与服务，全面提升服务效能。以开展法人结构治理试点工作有效运作为例，法人结构治理试点由人大、政协、财政局、人社局、公共图书馆行业协会组织（公共图书馆学会）和社会监督部门（纪委）共同组建理事会，建立理事会的组织架构，明确各方责任、权利和义务，构建以公益目标为导向，内部激励机制完善，外部监管制度健全的规范合理的治理结构和运行机制，便于集纳各方意志，解决试点过程中实际困难，实现共同治理，科学管理，畅通了公共图书馆事业的发展路径，进一步优化公共文化服务事业的流程，调动各方支持和配合参与公共图书馆转型发展的积极性和主动性，实现管理和服务理念创新发展，不断提升服务水平，提高公共图书馆知名度和影响力。

2. 创新服务模式，推进精准服务

公共图书馆不只是借书阅读的地方，更是市民的文化大课堂、城市文化的承载者和推动者。临沂市图书馆秉承打造书香临沂新高地的发展理念，立足地域特色，传承历史文脉，积极探索打造五种"公共图书馆＋"模式开展多元文化服务，满足不同读者群体的需求，推进公共图书馆工作的精准服务。

一是"公共图书馆＋书院"模式，开展阅读推广。以书为媒，依托尼山书院，按照"六个一"和"五个板块"建设要求，设立沂州国学堂、国学阅览室、道德展示室、影视资料室、琴棋体验室、茶艺体验室、射艺体验室、文体活动室等多个文化活动区，实现书院建设精品化；举办国学普及、经典诵读、礼乐教化、道德实践和情趣培养等一系列阅读推广活动，深入开发公共图书馆自身承载的历史与文化资源，增强国学氛围，打造服务活动品牌化，使公共图书馆在提供传统公共文化产品的基础上，成为教化人、培育人、引导人的文化重镇和精神殿堂。

二是"公共图书馆＋特色"模式，优化馆藏资源。立足临沂历史文化特色资源优势，打造独有的馆藏精品与特色。设立了全国第一个沂蒙红色文献资料馆，馆内收藏各类红色文献资料五千余册，反映不同历史时期珍贵图片一千余幅。已接待读者五万余人次，成为临沂市青少年爱国主义教育主阵地之一。设立了"丰碑伟人文献资料馆"，建起了环境高雅的书法公共图书馆、兵学文献资料室等专题展馆，以及王羲之、诸葛亮等沂蒙历史名人专题阅读室，与省委党史研究院合作建成山东革命根据地图书资料中心，满足读者对地方史和红色革命史的学习、阅读、研究等多元化需求。这些特色文化场馆已成为临沂市"弘扬沂蒙精神，传承红色基因"的重要阵地。

三是"公共图书馆＋互联网"模式，实现数字阅读。为积极适应和满足数字化时代读者的"新读书主义"，构建数字公共图书馆、掌上公共图书馆，采用 interlib 自动化管理系统和无线射频识别（FRID）技术，实现无线网络全馆覆盖。开通了新浪微博、微信公众号、今日头条等新媒体平台，建设临沂数字文化惠民服务平台、手机公共图书馆、临沂市图书馆数字阅读平台，为市民提供支付宝免费办证、人脸识别借阅、公益活动预告、图书检索、数字阅读等丰富便捷的数字化服务；通过加强与国家图书馆、山东省图书馆的业务合作，开展"网络书香过大年""扫码看书，百城共读"和"码上同行"等数字阅读推广活动，实现随时随地查询、阅读和观看视频，满足读者多元化的阅读需求。

四是"公共图书馆＋高校"模式，推进联盟建设。临沂市图书馆加强与国内高等院校合作，先后与同济大学、曲阜师范大学、临沂大学等合作共建教育实践基地，签订人才培养联盟协议，本着"为社会培养及输送实用人才"的理念，教育实践基地成为知识技能转化为素质和能力的有效载体和平台，实现资源共享，合作共赢，共同发展，不断提升新时代公共文化服务水平。

五是"公共图书馆＋分馆"模式，完善服务网络。充分发挥中心馆辐射作用及社会服务职能，进一步延伸服务半径，建成临沂市图书馆文化中心分馆，配有纸质图书三万册，阅览座席两百个，与市公共图书馆实行通借通还，同时，还在党政机关、企事业单位、社区设立图书流通点，并组织开展进校园、进社区、进企业等活动，努力打通服务市民的"最后一公里"。

3. 创新制度改革，实施精细管理

临沂市图书馆创新制度改革，以岗位责任为重点，以绩效考核为杠杆，创新精细化管理模式，实施目标责任制，坚持"制度管人，流程管事"的工作理念，先后制定《基础业务考核细则》等五十余项管理制度，使公共图书馆每一项工作都有一套科学规范的业务标准和考核标准，并明确责任到部室、到个人，保证公共图书馆内"事事有人管，人人有责任，工作有目标，考评有依据"。

以基础业务考核制度为例。按照任务分工，公共图书馆与每位干部职工签订责任清单，每位班子成员分管一个责任书库，每位干部职工分有责任书架。图书流通环节，利用智能盘点设备将图书信息与层架标签绑定，实现对馆藏每本图书进行精准定位，确保读者仅需一分钟就能快速精准找到所需图书的位置。每日开展图书及时上架顺架整架，并通过优化书库导引平面图方便读者高效便捷找书借书。每月组织各部室负责人对责任书架系统记录数据与馆藏实物进行"两随机一公开"互相抽查考核，即随机抽取书库考核顺序、再对该书库责任人随机抽取责任书架、当场公开考核结果。图书排序错误以及馆藏状态与系统记录数据不一致的，对相关责任人业绩予以扣分，考核成绩直接与绩效工资挂钩。图书采访环节，采编部每人对接一个图书借阅室，按照读者问卷调查以及借阅数据分析报告反馈的读者阅读需求，有针对地制定图书采访计划，做到了"公共图书馆买书读者说了算"。每年对新购文献使用情况进行考核，要求年新增文献利用率不低于80%，每增加或减少一个百分点，对相关责任人业绩加或减一分，实现专项购书经费使用效能最大化。综合考核成绩按照积分排名，与评先树优、职称评聘、绩效奖和文明奖发放挂钩，真正做到"干与不干不一样，干多干少不一样，干好干坏不一样"，充分调动全体干部职工干事创业的积极性和主动性，保证市公共图书馆各项工作持续健康发展。

习近平总书记指出："谁在创新上先行一步，谁就能拥有引领发展的主动权。"抓创新就是抓发展，谋创新就是谋未来。因此，公共图书馆坚持创新发展是大势所趋。临沂市图书馆紧紧围绕满足人民群众日益增长的精神文化需求这一目标，积极探索和构建了一条公共图书馆精细化管理、精准化服务的新路径，用制度管人管流程管事，巧用绩效杠杆，撬动了公共图书馆事业的创新性发展，取得了显著效益，先后荣获全国"全民阅读先进单位""全民阅读示范基地"、山东省冬春文化惠民品牌等荣誉称号。2017 年，顺利通过第六次全国县级以上公共图书馆评估定级一级馆复查，再次被文化部授予国家一级馆称号。在全省公共图书馆服务效能考核中，2018—2020 年，连续三年被评为优秀单位。临沂市图书馆新浪微博多次在《人民日报·政务指数微博影响力报告》中入选全国十大公共图书馆微博。坚持创新性发展理念，让公共图书馆事业充满生机和活力，全面提升服务效能，实现公共图书馆事业的健康可持续发展。

临沂市图书馆全民阅读推广活动实践与探索

党的十九大报告中提出，要进一步"加强学习型社会建设"，国务院《政府工作报告》自 2014 年以来一直把倡导并大力推动"全民阅读"作为基本文化国策加以强调，旨在"促进全民阅读，推动学习型社会建设"。2018 年 1 月 1 日颁布实施的《中华人民共和国公共图书馆法》更是在第一章总则第三条中明确提出："公共图书馆是社会主义公共文化服务体系的重要组成部分，应当将推动、引导、服务全民阅读作为重要任务。"由此可见，全民阅读已经上升为国家发展战略，成为实现中华民族文化复兴的有机组成部分。因此，作为公共图书馆，在推动全民阅读，建设学习型社会的时代潮流中，承担着极为重要的社会作用。2014 至 2017 年，临沂市图书馆开展了近两千场全民阅

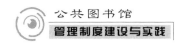

读推广活动，探索了下一步公共图书馆开展全民阅读推广活动的新思路和新途径。

一、临沂市图书馆全民阅读推广活动的实践

1. 成立全民阅读推广活动领导小组，形成长效阅读推广机制

全民阅读推广活动领导小组是临沂市图书馆的阅读推广团队，主要职责是策划、组织、研究和实施阅读推广活动，主要组成由馆长任组长，馆班子成员任副组长，各部室负责人为成员共计十二人。全民阅读推广活动领导小组中，研究生三人，本科生九人；正高级职称一人，副高级职称五人，中级职称五人，初级职称一人；工作十年以上六人，工作十年以内六人，不论是学历结构、职称结构还是年龄结构都比较合理，成员之间形成互补，为开展好阅读推广活动奠定了坚实的人才基础。活动的开展坚持政府主导、社会参与的原则，除积极争取财政免费开放专项经费外，还吸纳社会力量为活动开展给予经费保障。通过在人员、经费等方面进行长期的规划和安排，吸引越来越多的读者参与其中并能够切实感受到浓厚的文化氛围，实现全民阅读活动的广泛性、持续性和有效性。

2. 开展形式多样阅读推广活动，营造浓厚的书香氛围，形成良好社会效应

按照国家一级馆的建设标准和要求，自 2014 年以来，临沂市图书馆一直高度重视对公共图书馆馆藏资源和阅读推广活动，每年定期举办讲座培训、展览和竞赛体验类阅读推广活动，如举办"临沂市民大讲堂""市民健康大讲堂""尼山书院国学讲座"等系列讲座。结合全民读书月、4·23 世界读书日、公共图书馆服务宣传周等重大活动主题、重要时间节点举办专题展览，举办丰富多彩的新书推荐活动、读书征文活动、读书朗诵大赛、元宵节猜灯谜等阅读推广活动，这些活动吸引了广大读者积极参与，拓展了读者的阅读体验，培养了读者阅读的良好习惯，在社会上营造了浓厚的书香氛围。

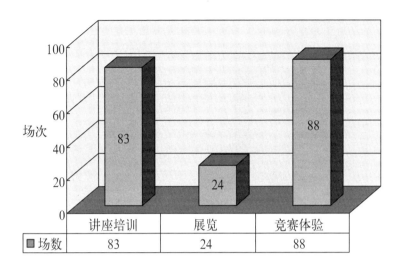

图 9-1　2014 年临沂市图书馆全民阅读推广活动分析图

场数	讲座培训	展览	竞赛体验
	83	24	88

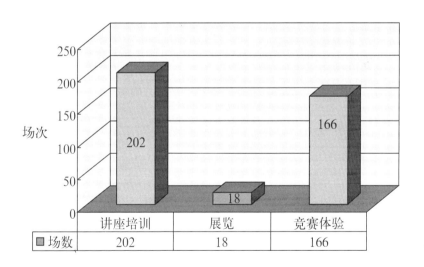

图 9-2　2015 临沂市图书馆年全民阅读推广活动分析图

场数	讲座培训	展览	竞赛体验
	202	18	166

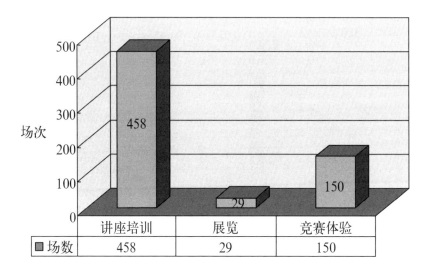

	讲座培训	展览	竞赛体验
场数	458	29	150

图9-3　2016年临沂市图书馆全民阅读推广活动分析图

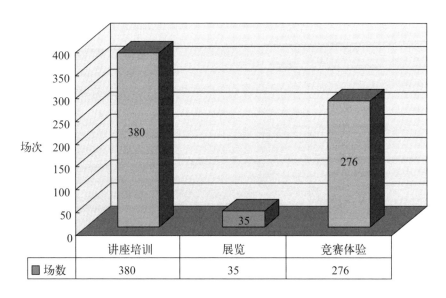

	讲座培训	展览	竞赛体验
场数	380	35	276

图9-4　2017年临沂市图书馆全民阅读推广活动分析图

3. 强化阅读推广活动品牌化系列化，打造更多阅读推广品牌

（1）优化阅读环境，突出地方历史文化特色。

良好的阅读环境能够最大限度地激发人们的阅读兴趣，增加阅读的吸引力和影响力。临沂市图书馆在开展好传统借阅服务的基础上，立足地方历史文化，推出特色化阅读场馆。

（2）加强与社会机构合作，形成联动机制，打造品牌化和系列化阅读推广活动。

《公共图书馆法》第二章第十三条明确规定："公共图书馆服务网络建设坚持政府主导，鼓励社会参与。"临沂市图书馆通过积极争取政府的支持，整合多方面的社会资源，与周边中小学校、机关事业单位、企业和媒体机构和等社会各界广泛合作，扩大阅读推广活动的社会影响力，达到多方共赢的效果。通过以上多方面合作，阅读推广成为形成跨行业的联动效应。

（3）加强数字资源建设和服务，助力全民阅读推广活动。

临沂市图书馆十分重视数字资源建设和数字化服务建设。建成临沂市文化惠民数字平台，通过提供一站式文化服务，实现市民的按需点餐。积极参与临沂文化网络超市、政府公开信息整合平台临沂分站、沂蒙抗战多媒体数据库建设等特色数据库建设。

（4）承办阅读推广高端会议，助力"书香临沂"建设。

临沂市图书馆充分发挥"城市客厅"服务功能，不断探索"全民阅读"理论研究、活动策划等创新途径，在推广全民阅读、引领文明风尚中做了大量卓有成效的工作，先后承办了第八届全国"全民阅读论坛"、中国公共图书馆学会阅读推广委员会成立十周年学术研讨会、阅读推广峰会等全国性的"全民阅读"推广活动。两次全国会议的承办，加强了全国公共图书馆彼此之间交流与合作，对公共图书馆阅读推广事业发展起到了相互借鉴、相互促进的作用，有效带动了"书香临沂"建设，在全社会营造了爱读书、读好书的文明新风，推动"全民阅读"逐渐走进家庭、校园、企业、机关，形成了良好的社会氛围。

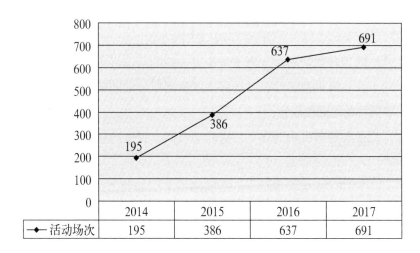

图 9-5　2014—2017 年临沂市图书馆全民阅读推广活动折线图

从图 9-5 可以看出，临沂市图书馆馆自 2014 年至 2017 年以来开展的阅读动场推广活动场次呈现出上升趋势。

三、公共图书馆开展好全民阅读推广活动的思考与探索

1. 培养能力强高素质的阅读推广团队

阅读推广团队里馆员的能力素质的高低决定全民阅读活动开展得成功与否，因此，培养一支能力强、高素质的阅读推广团队是十分重要的。这要求馆员不仅具有娴熟的专业技能、良好的职业道德、广博的知识，还要掌握基本的计算机技术和一定的阅读推广专业技能。近年来，中国公共图书馆学会连续举办的阅读推广人培育行动如同及时雨，为全国公共图书馆阅读推广工作培养了人才，提高了馆员开展阅读推广的素质和能力。

2. 依托大数据，掌握读者阅读信息，增强阅读推广活动的针对性

近几年，随着全民阅读推广活动广泛开展，活动场次和参与人数虽然都呈上升趋势，但是具体到讲座培训类活动，读者参与意识不强，存在被动

参加甚至个别活动出现老师到场无人参加的情况。依托大数据，对读者阅读背景、阅读过程、阅读成效等相关数据的收集、分析和研判，准确获取读者阅读风格和阅读行为数据信息，能够在完成一般阅读推广的前提下实现差别化服务，提供目标明确的个性化阅读方案；同时也可以根据读者不同需求精准推送相应的阅读资源和活动内容，实现更有针对性的阅读推广效益。

3. 利用新技术、新媒体，加大宣传的广度和深度，拓展阅读推广新领域

利用微博、微信、移动公共图书馆荐书活动，定期宣传发布公共图书馆季度、半年、年度服务数据，在一楼大厅、二楼建有 LED 显示屏，向读者实时显示到馆人次、办证量、馆藏量、借还册次、图书借阅排行、实时借阅图书、活动预告等服务数据，扩大宣传广度和深度，搭建起公共图书馆与社会的互动平台，以创新的服务模式拓展阅读推广新领域。积极开展网上阅读、手机阅读、电子阅读器等新型阅读方式，实现数字媒体和纸质媒体的对接与共荣，不断拓展阅读领域，实现资源快速传播和高度共享，更利于各种思想观念交流、碰撞、激发读者参与阅读推广的热情，在活动中指导读者阅读。

4. 建立阅读推广效益评估体系，实现阅读推广可持续性发展

全民阅读推广活动是一个长期的、系统的工程，需要制定完善长期阅读推广评估效益评机制。阅读推广活动，从活动策划时就对读者需求、成本、人员进行分析评估；对活动效果进行事后总结和评价。同时定期开展读者调查，确定固定、有效的反馈途径，长期跟踪反馈信息，积极促成读者的合理需求得到实现，不断提升阅读推广活动的品质和社会影响力，真正实现阅读推广的可持续发展。

全民阅读推广活动是公共图书馆肩负的时代使命和重任。临沂市图书馆近年来一直在全民阅读推广活动方面积极实践并取得了一定效果，但阅读推广任重道远，还需要继续思考和探索阅读推广活动模式创新，寻求新的推广模式，更好为提高市民文化素养、提升城市的文化品位、推动书香临沂建设、

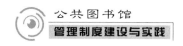

推进全民阅读发挥更加积极的作用。

临沂市公共图书馆小众服务与公众服务创新模式的探索

为了更好地满足广大市民日益增长的文化需求，让全市人民共享文化发展成果，临沂市图书馆积极探索小众服务与公众服务创新模式，在工作中求精求新求变，增加公共文化有效供给。

一、到馆读者服务

2016 年，临沂市图书馆除周一闭馆外，实际开放 315 天，共接待读者 130 余万人次，平均日接待量达 4300 余人次。按照临沂市中心城区人口 205 万人（2016 年 1 月数据）计算，2016 中心城区人口人均到馆超过 0.63 次。从图书外借数据上看，目前市公共图书馆拥有持证有效读者 67413 人。一年来共有 164795 人次的者从市公共图书馆借阅纸质图书 990153 册（件），持证读者人均借阅 15 册（件），平均每天借出图书 4050 册次。以目前市公共图书馆馆藏纸质图书 40 万册（件）计算，馆内全部外借图书平均每册被借阅 2.5 次。以借出的图书书价计算，一年来，全市读者借出图书价值达 3000 余万元，是市公共图书馆每年购书经费的 30 倍。在借书人群中，全年借书超过 100 册的读者有 157 人，超过 50 册的有 1370 人，超过 10 册的有 15388 人，借书量最多的读者一年借阅图书达到 393 册。

二、参考咨询服务

临沂市文化惠民数字平台设立"我要留言"专栏，为用户提供网上咨询和回复服务；临沂市图书馆网站设有参考咨询栏，包括公共图书馆小常识、公共图书馆一般问题以及入馆须知等；新浪微博、微信公众号均设有咨询服务，实时回复各类咨询。

1. 临沂市图书馆官网"文化惠民数字平台"留言区

自 2013 年 5 月临沂市图书馆建立"临沂文化惠民数字平台"以来，截至 2016 底，"我要留言"版块共收到网上留言 36 条，涵盖了公共图书馆基础建设、馆藏维护等方面问题。我们对于读者的问题和意见建议及时进行了回复。

2. 微信公众号留言平台

临沂市图书馆自 2015 年 12 月开通微信平台以来，截至 2016 年 12 月，共收到读者留言 269 条。留言大多对公共文化活动表现出浓厚兴趣，对活动的时间及报名方式等事宜进行咨询，我们均及时地进行了回复。

3. 制定管理办法

为加强公共图书馆门户网站的互动功能，进一步畅通和规范公众参与渠道，健全网络运行机制，保障网络运行的稳定，临沂市区图书馆制定了《临沂市图书馆网站管理办法》《临沂文化网络超市网上留言管理办法》等，为信息发布、网上留言及回复制定了专门的政策法规，张贴于文化共享工程支中心。

三、新媒体服务

1.2013 年全国第五次公共图书馆评估定级工作开展以来，市公共图书馆十分重视数字资源建设和数字化服务建设，加强信息中心人员配置。

2. 电子图书采购：2013 年采购电子图书 27 万册，2017 年购置电子图书 10 万册。

3. 触摸媒体服务：2013 年采购电子阅报机 1 台，供读者进行电子期刊、报纸的阅览。之后，分批采购歌德电子图书借阅机 4 台，提供 350 种期刊以及 3000 种电子图书供市民借阅，分别在二楼读者服务区、临沂市金融中心、电子阅览室、尼山书院等公共服务区为市民提供服务。

4.2014 年购置 24 小时自助借书机一台，放置在一楼大厅，同时安排人员

24 小时值守，进一步为市民提供全天候的借阅服务。

5. 短信平台：2015 年，为方便读者按时归还借阅图书，市公共图书馆采购了短信服务平台，为读者提供借阅图书到期提醒服务，共为读者发送短信提醒 2.6 万余条。

四、互联网服务

临沂市公共图书馆利用自建资源、采购的电子图书、共享工程及数字公共图书馆推广工程提供的数字资源为市民提供网上阅读服务。并积极参与临沂文化网络超市、政府公开信息整合平台临沂分站、沂蒙抗战多媒体数据库建设等特色数据库建设。并参加山东省网上联合参考咨询平台，为市民提供数字资源服务。

五、少儿服务

临沂市图书馆少儿部下设少儿借阅览室、少儿阅览室和图书漂流中心三个部室。少儿借阅室使用面积 500 平方米，共有藏书 7 万余册，日均借还量 1000 册次，日均接待未成年读者 1000 人次。2016 年上半年，临沂市图书馆对少儿阅览室进行提升改造，将其从四楼搬至二楼，并对内部设施进行充实丰富，于 2016 年六一儿童节正式面向社会开放。目前，少儿阅览室使用面积 300 平方米，共陈列各类绘本 5000 余册，分为低幼儿童阅览区、家长交流区和少儿活动区，已成为全市低龄儿童学习阅读活动基地。为了更好地为未成年读者提供服务，方便小读者之间的图书交流，使图书资源发挥最大效能，市公共图书馆建设了图书漂流中心，面积 100 平方米，共有图书 3411 册，全天为读者提供图书交流服务。同时通过活动的形式组织未成年人以班级、学校为单位进行图书漂流活动，极大促进了阅读推广活动的开展，深受市民好评。目前，临沂市图书馆的少儿阅览室、少儿借阅室、沂蒙红色文献资料馆、尼山书院、电子阅览室等场馆均面向未成年读者免费开放。

临沂市图书馆为未成年人提供各类免费阅读服务，通过举办亲子绘本阅读、"经典诵读"、读书教育实践、家长课堂，邀请曹文轩、梅子涵、方素珍等知名作家走进公共图书馆等活动，激发小读者的阅读兴趣，丰富青少年假期生活，吸引未成年人走进公共图书馆。了解学生的课外延伸阅读，送书进学校。为各幼儿园和中小学校学生免费提供阅读课，与老师们联合提供一些阅读书单，如世界名著、名人传记等读物，供学生阅读，激发同学们的阅读热情，培养他们的阅读兴趣。

2013 年 1 月—2016 年 12 月，举办面向未成年人的展览、讲座、培训、文化体验等活动共计 600 余场次，参与的未成年人 80 余万人次。2013 年以来，少儿馆面向全市未成年人开展了"书写童年"阅读推广系列活动，与中小学校及各幼儿园合作推行了开心阅读、成长阅读、分享阅读、经典阅读及网络阅读等丰富多彩的阅读活动。几年来，少儿馆共举办少儿阅读推广活动 400 余场，成为我市少年儿童课外活动的主阵地，在青少年素质教育中发挥出了应有的作用。举办亲子课堂活动，认真推进亲子阅读工作。在课堂上，邀请专家从心理学角度讲解"语言妨碍表达、认识自己的情感、读懂孩子要表达的情感、正确回应孩子的情感、让孩子读懂大人、读懂自己"等问题，帮助家长建立正确的阅读观念，向家长展示有效的互动阅读方式，用工作人员的专业素养激发孩子们的阅读兴趣，丰富他们的内心世界。

临沂市图书馆少儿馆开展的"书写童年"阅读推广品牌活动能够通过组织知识服务性质的活动、组织管理性质的活动以及两种性质兼有的活动，加强了读者家庭教育和亲子阅读的理论指导，激发了全民阅读的兴趣，提高了未成年读者对公共图书馆的利用率，享受到阅读的快乐，并对阅读产生了更多动力。

六、弱势群体服务

临沂市图书馆盲文及盲人有声读物阅览室于 2011 年 7 月对外开放，有盲文图书 209 册，有声读物 600 多件，并配备了阅览座席 30 个、多媒体设备 10 余件 / 套。阅览室为盲人读者提供盲文图书的借阅服务、通过电脑进行有声读物和电子读物的阅读服务、通过读屏软件提供互联网上网服务。同时，市公共图书馆在无障碍通道上加铺了盲道，在男女卫生间设立了残疾人员专用厕位，并在残疾人员通过的地方安装了专用扶手。

2012 年 7 月，由市委宣传部、市文明办、市残联、市文广新局主办了全市第二届残疾人文化周活动，丰富和活跃了残疾人文化生活，保障了残疾人文化权益。同时，市公共图书馆为残疾人免费办理了读者卡，成立"临沂市残疾人文化活动基地"并现场揭牌。

中老年人"零基础"计算机培训。为了提高市民的信息素养，丰富老年人退休后生活，提高老年读者的计算机使用水平，临沂市公共图书馆特开设老年人计算机使用培训班。通过小班化教学，以课程讲授和上机操作相结合的方式，让老年人熟悉电脑基本操作以及常用软件使用方法，掌握基础文本编辑技能和利用网络查询信息的技能。根据每一节课时内容编辑书面教材，使老年人更全面地学习计算机知识。

2013 年，建成新市民阅览室，增加进城务工人员急需的实用技能、科学生活等方面书籍，为进城务工人员提供了温馨的阅读场所。

七、培训、讲座、展览

按照国家一级馆的标准和要求，临沂市图书馆立足大局，服务读者，传播文化，弘扬文明，不断提高文化惠民服务水平。每年举办公益讲座、展览、培训、比赛等公共文化活动超过 300 场次，吸引了数万名读者参与，收到了良好的社会效果。其中，与市委宣传部、市社科联等联合举办的市民大讲堂活动，每周一场；与临沂市老龄委、临沂市中医医院等单位联合举办的市民健康大讲堂活动，每两周一场；由市直文明单位轮流定期承办的道德讲堂活动，邀请社会名家演讲，广大市民踊跃参加，给予高度评价。在每年举办的这些活动中，既有面向中老年人的计算机、智能手机培训，也有面向少年儿童的书写童年、编程体验等活动。

近年来，市公共图书馆充分发挥"城市客厅"服务功能，不断探索"全民阅读"理论研究、活动策划等创新途径，在推广全民阅读、引领文明风尚中做了大量卓有成效的工作，先后创建国家一级馆、全国"全民阅读示范基地"。2014 年，临沂市图书馆承办了全国第八届"全民阅读论坛"，来自公共图书馆界、文化界、媒体等社会各界 200 余位嘉宾参加了论坛。2015 年，承办了全国阅读推广峰会（秋季）暨中国公共图书馆学会阅读推广委员会成立十周年学术研讨会，来自全国各地公共图书馆、高校公共图书馆的 300 余位专家、学者、专业人士参加了会议。2017 年，举办"全民阅读•书香临沂"阅读高端论坛，全市教育工作者、社科工作者、阅读推广人等 1000 余人参加论坛。"全民阅读"有效带动了"书香临沂"建设，在全社会营造了爱读书、读好书的文明新风。在推动阅读推广工作、弘扬沂蒙精神、促进书香中国建设中产生广泛影响。

临沂市图书馆开放以来，吸引了更多市民走进公共图书馆，了解公共图书馆，利用公共图书馆，真正做到文化成果全民共享，切实发挥了凝聚人心、提升素质、维护稳定、促进和谐、激发活力的作用，全市人民的素质大大提升。通过向人民群众提供思想性、艺术性、观赏性相统一的文化产品和服务；提供寓教于乐、打动人心、群众愿意听、愿意看的文化产品和服务；提供使人们的心灵受到洗礼，让人们发现自然之美、生活之美、心灵之美的文化产品和服务。在临沂市第六次公共图书馆读者满意度测评中，市民对公共图书馆的满意度达到 95% 以上。

临沂市兰山区兰山街道文化站儿童阅读推广

与城市儿童相比，农村儿童阅读环境较差，阅读习惯养成的难度更大，各项阅读指标都低于城市。要提升全民族阅读水平，建设学习型社会，农村是重点，也是难点。乡村儿童阅读需要汇聚各界力量，共同推进，培养起孩子们爱读书的习惯、会读书的方法，这是让孩子受益终生的好事。因此，临沂市兰山街道文化站高度重视阅读推广工作，特别是农村儿童阅读推广工作。

一、借力农家书屋建设，设立儿童阅读专区

借 2007 年 3 月相关部委联合下发和实施的《关于印发〈农家书屋工程实施意见〉的通知》的春风，兰山街道文化站开始积极协调街道、辖区村居、属地单位及社会公益组织等，在兰山街道建设了 51 个农家书屋，街道所有社区、村全部建成了达标的农家书屋，所在街道在临沂市率先实现农家书屋全覆盖。

在农家书屋建设中，兰山街道文化站全程参与农家书屋选址，要求各社区、村的农家书屋尽量建在人流量大、繁华地段，这样有利于吸引人气，吸引读者。严把图书质量关，严防盗版、劣质图书流入农家书屋，要求图书内容符合本村居民的实际需求，不搞一刀切和统一配送。要求所有农家书屋设有儿童阅读专区，儿童图书不少于 200 种类 500 本。目前，兰山街道已建成高标准、藏书量在 5000 册以上的农家书屋 15 家，这些农家书屋不但藏书量大，而且装修温馨，并设有亲子阅读专区，每年开展读书活动都在 10 次以上。

二、辖区图书室加强联谊，开展共建共享

为更好地发挥街道辖区内各类图书室的功能，兰山街道文化站、临沂市图书馆、兰山区图书馆三方达成协议，把兰山街道图书馆、西关、宋王庄、曹王庄、砚台岭等社区图书室作为市、区图书馆的流动图书服务点，市、区图书馆工作人员每个月都会到服务点更新一部分图书，持以上服务点的借书证也可以到市、区图书馆借书，真正使居民不出村居就能读到好书、借到好书。辖区的葛家王平、曹家王平、蒋家王平、角沂等村居和临沂大学图书馆达成协议，居民可以到临沂大学图书馆读书、借书，兰新和小李庄社区则和

兰山中学图书室实现共建共享。通过这项活动，使居民阅读有了更多选择空间，提高了图书的使用率，避免了重复投资造成的资源浪费，还加强了辖区单位的互联互信、互帮互助。

三、开展各种读书活动，吸引孩子

利用各种节日开展各种读书活动，如每年 4 月 2 日的"国际儿童图书日"，4 月 23 日的"世界读书日"，及五一、六一、七一、十一等重大节日，兰山街道文化站都会依托农家书屋开展知识竞赛、好书分享会、朗诵比赛、非遗手工等形式多样的文化活动。2022 年，辖区内各农家书屋累计开展各种活动 535 场次。

为了充分发挥农家书屋的作用，提高图书利用率，兰山街道文化站要求辖区的农家书屋每周开放时间不少于 40 小时；节假日和寒暑假，坚持对青少年和儿童开放的同时，安排志愿者帮助孩子辅导作业。假期内，每天都有不少中小学生到农家书屋来借阅图书，写作业。每个月都要设立一个主题阅读活动，通过丰富多彩的阅读，来提升孩子们的阅读兴趣、提高阅读能力。为培养孩子的阅读习惯，兰山街道文化站引入寓教于乐的习惯培养法，通过借阅积分、家庭积分、参加阅读活动积分等积分活动奖励孩子们文具、图书、玩具等，提高孩子们读书积极性。优质的图书和丰富多彩的活动，让兰山街道农家书屋真正成为乡村孩子最喜欢的地方。

四、协调各方力量，共建儿童阅读

辖区阅读爱好者杜晓旭想利用自己的房子开一家书馆取名叫颜书馆。兰山街道文化站了解到该情况后，积极协调街道领导、区图书馆、辖区企业，为杜晓旭捐赠了 3000 册图书，北园集团捐赠了自助借阅系统一套，颜书馆成为临沂市首家 24 小时免费对外开放的书房。该馆以少年儿童和家庭亲子阅读为主，有各种绘本和儿童类图书 5000 多册，设有独立的亲子阅读专区。

　　辖区弥光文化的总经理王桂芳喜欢做公益事业，其中一个想法就是投资建设一家书院。了解该情况后，兰山街道文化站就和王桂芳一起物色合适的地方，寻找装饰公司，并联系区图书馆给王桂芳捐赠了3000册图书。经过三个月的努力，王桂芳的心愿终于达成，一家面积达1500平方米、藏书量1万多册、装修温馨、配套完善、科技感满满的临沂市最大民营图书馆终于建成了。弥光书院在选址上就很注重接近阅读人群，紧靠一所有2000多人的小学和近万人的居民区，因此一开业就吸引众多读者，特别是少年儿童，书院每天人流量都在200人以上。

　　经过多次和领导申请，兰山街道文化站街道拟建设一家高标准的书房，现已进入招投标阶段。和辖区内的孔庙沟通协调后，他们也准备建设一家以弘扬传统文化和朗诵经典名著为特色的书院。角沂村现在准备把自己的沿街一楼的黄金地段建设成书房。

　　通过多年的努力，兰山街道基本实现了步行15分钟就能找到一家农家书屋或书房。加上辖区内的学校及属地单位的图书馆，街道范围内现有各类图书馆（书屋）86处，总藏书460多万册，兰山街道在山东省第三届全民阅读活动中被评为"书香街道"，兰山街道文化站于2022年被评为"临沂市优秀农家书屋管理员"。

蒙阴县家庭式农家书屋"筑梦书屋"

　　山东省临沂市蒙阴县在全部行政村建设农家书屋的基础上，采取先试点、后推广的建设模式，探索出一条图书馆提供服务、家庭自主管理、农村学校教师和少年儿童共享阅读的家庭式农家书屋的新路子，先后建设"筑梦书屋"120个，辐射全县366个行政村，服务当地农村教师和少年儿童6000余人。蒙阴县家庭式农家书屋——"筑梦书屋"的创新做法被《中国新闻出版广电报》《中国教育报》《大众日报》"中国农家书屋""学习强国"等媒体先后宣传报道。

一、"筑梦书屋"的实施背景及过程

蒙阴县是典型的山区县,全县366个行政村全部建起了农家书屋,但在调研农家书屋使用情况的过程中发现,因村民居住分散、书屋无专人靠上管理,农家书屋普遍存在资源浪费、利用率不高等问题,而绝大多数农村儿童家庭很少有课外书籍阅读。蒙阴县图书馆在调研过程中还发现,有个别热心读书的家长,周末自发将邻居的孩子约到自家共同做作业,逐渐形成了一个相对固定的学习场所。蒙阴县图书馆认为,丰富农村儿童的文化生活,增强他们课外阅读的兴趣,一直是家长的期望和社会关注的重点。经过认真琢磨,蒙阴县图书馆及时向文旅局领导汇报,通过文旅局出面与教育部门协商联合出台《关于实施农村中小学"筑梦书屋共建共享"项目的通知》,签订共建共享协议,根据乡村学生分布特点,在农村探索创新实施了"家庭式"农家书屋——"筑梦书屋"建设,受到农村群众的普遍欢迎。

二、"筑梦书屋"的实施方法及要点

一是创新建设模式。在充分调研、前期试点的基础上,按照贴近农村、贴近实际的原则,联系当地学校一起挑选条件合适的农村家庭,即:家长有热心,孩子有约伴阅读习惯;家庭住房宽敞,环境整洁,愿意无偿提供场地支持孩子阅读;家庭住址交通方便,学生居住较集中,既有利于学生到书屋参加阅读活动,也有利于志愿者到书屋指导。图书馆将"筑梦书屋"作为分馆纳入图书馆集群管理系统,蒙阴县图书馆带领图书馆工作人员深入农村家庭沟通交流,了解学生的阅读需求,确定适合学生阅读的书目,"有的放矢"做好书屋的图书补充,进行统一管理,制作统一标识,建立健全图书管理、借阅、补充更新等各项制度。

二是创新管理方式。为有效解决管理问题,在调研的基础上,提出"筑梦书屋"实行家庭自主管理,孩子为管理员,家长辅助管理,周末或节假日由图书馆协调附近学校教师、文化志愿者辅导阅读。除每年按农家书屋图书配备标准和要求进行补充更新外，图书馆组织在全县范围内开展少儿图书征集活动，动员广大群众将家庭闲置少儿图书无偿捐赠到书屋，累计征集各类图书1万余册。图书馆负责管理人员的培训，将书屋图书纳入县图书馆和本村农家书屋藏书管理，实现与农家书屋、县图书馆之间互借共享。图书馆负责全县筑梦书屋图书的轮转调配、通借通还等工作。目前，已轮转调配400余次、通借通还图书5万余册。

三是丰富阅读形式。蒙阴县图书馆想方设法丰富"筑梦书屋"的阅读形式，在全县组建起近500名以中小学教师为主力的"书香沂蒙"文化志愿服务队伍，利用周末、节假日到书屋组织开展"蒙阴县图书馆的书屋蒙阴县图书馆的梦"阅读实践活动，"书香润童年"好书分享交流会，"讲红色故事、做红色传人"演讲比赛，"蒲公英少年经典图书"读书打卡等主题阅读推广示范等活动。蒙阴县图书馆还组织开设"名师公益课堂"，组织县城的高级教师作为文化志愿者轮流到筑梦书屋进行经典图书导读，开展积累"阅读财富"活动，为每名孩子制发一本"阅读存折"，记录孩子借阅图书的次数和孩子阅读书目，激发孩子的阅读动力和阅读兴趣。蒙阴县图书馆还经常组织开展乡村亲子共读活动，让家长和孩子一起读书，针对故事情节和有关知识点与孩子们进行交流互动，穿插安全教育，积极引导孩子们注重安全、注重自蒙阴县图书馆保护。亲子阅读活动不但为村民亲子互动提供了平台，还充分发挥了传递良好家风、传播科学家教、促进儿童健康成长的重要作用。在蒙阴县图书馆的组织带领和"书香沂蒙"广大文化志愿者的辛勤付出下，每个书屋年均开展活动均超过20次，参与群体达4000余人。

三、家庭式农家书屋——"筑梦书屋"阅读推广的实绩实效

依托图书馆牵头组织建立的"筑梦书屋"这个乡村儿童阅读阵地，图书馆组织成立的"书香沂蒙"文化志愿服务团，以"书香浸润童年，阅读点亮梦想"

为理念，定期到书屋开展形式多样的阅读活动，真正点亮了山里娃的读书梦，培养他们读书的兴趣，引领他们养成良好的读书习惯，呈现出家长、学生热烈欢迎、社会各界高度评价、社会影响向好的可喜局面。"筑梦书屋"入选全省公共图书馆"首届全民阅读推广品牌项目"，"筑梦书屋"志愿服务项目也被共青团临沂市委评为"全市优秀志愿服务项目"。

第九节　湖北省公共图书馆创新发展案例

湖北省图书馆公共服务渠道拓展

一、"三维立体化"营销模式——长江读书节

2016年5月，由湖北省图书馆联合全省公共图书馆共同举办的首届湖北省"长江读书节"在湖北省图书馆隆重开幕。"长江读书节"的举办是湖北省积极响应党的十八大关于"开展全面阅读推广活动"的战略部署及湖北省推广全民阅读整体规划号召应运而生的。"长江读书节"每年举办一届，第一届"长江读书节"前后历时三个月，以书籍阅读为主要内容，开展了丰富多彩的公共文化服务活动，活动总场次达到2571场，涉及人次高达526.2万。该节也在2016年和2017年被评选为中国图书馆最值得推广的阅读活动。"长江读书节"采用的是集"长度+宽度+高度"为一体的"三维立体化"营销模式。

（一）从长度即时间跨度来讲，截至2019年，该读书节已经连续成功举办了4届，规模越来越大，活动内容更为丰富，形式也更加多样。活动时长从第一届的3个月左右，逐步覆盖至全年。活动组织完善，机构健全，已形成阅读推广的长效机制。

（二）从宽度层面来讲，该读书节一方面丰富了活动的广度，另一方面营销覆盖了更大的范围。首届"长江读书节"就将阅读以"演讲＋查阅＋展示＋表演＋数字化"等形式向读者立体化地呈现出来，通过丰富阅读的互动体验，增加资源共享的活动乐趣，形成线上线下齐参与、共分享的局面："讲"，指通过将阅读这一无声行为外化为有声，在阅读之前及阅读过程中，通过荐书、评书和论坛等形式，有针对性地对读者进行阅读指导，提高阅读质量；"阅"，查阅，指通过数字图书馆为读者提供影音、图像、图书等丰富的线上资源；"展"和"演"是读者阅读成果的展示和输出过程。"长江读书节"通过举办全省乃至全国范围的演讲朗诵比赛、书画展览、征文活动等，为读者提供了更多的阅读成果展示机会和平台"数"，既指数字化资源，又指利用数字化手段，如微信公众号、微博客户端、网络自媒体等途径让更多人了解、参与到活动中来，实现全民互动。

（三）从活动的高度来讲，"长江读书节"品牌的树立为湖北省图书馆的品牌化发展提供了重要契机，为图书馆其他周边公共文化服务品牌的创设提供了参考。一方面，在宣传人员队伍组织方面，湖北省图书馆成立了负责新闻宣传的专业班组，先后与《湖北日报》和网络媒体开展了活动宣传合作。在媒体平台的支持下，新闻媒体、自媒体等为其提供了大量的品牌宣传，使其影响力快速扩大；在宣传途径上，图书馆依托媒体、报纸、微信、管网、电视等渠道，开展了大量具有针对性的宣传活动；在宣传形式上，活动不仅编写了公益类歌曲，还拍摄了多部文化、公益宣传片，在街头和社区张贴了大量的宣传海报；在宣传维度上，运用了横向与纵向相结合的宣传模式，横向从活动内容上铺开报道，纵向以时间为轴对全系列活动展开跟踪，从而实现了对整个活动对全覆盖宣传。另一方面，湖北省图书馆充分利用文化名人的影响力，邀请知名文化学者为品牌代言，树立品牌形象，使活动在开展的初期便引起了社会民众的关注。此外，积极利用模范效应，发挥榜样的力量，寻找、发现阅读推广活动中的感人事迹和先进人物，评选优秀的"荐书人""领读者"，充分宣传他们的阅读推广故事，为全社会树立良好的榜样力量，激发广大群众的阅读活动热情。

二、"请进来＋走出去"发展模式——家谱收藏活动

家谱收藏是地方文献收藏工作的重要组成部分和重要的文化传承形式。了解家谱不仅有利于了解自己的祖辈、历史，寻根问祖，更有利于传承良好的家风。湖北省图书馆历来重视家谱资源收藏建设，在家谱资源建设上不断创新实践，创立了"引进来＋走出去"的宣传模式，树立了以"晒谱节"品牌为代表的家谱收藏品牌，极大地促进了家谱收藏工作的开展。

"请进来"的发展模式对湖北省图书馆家谱收藏工作助益良多。以"晒谱节"家谱收藏活动为例，2009 年，湖北省图书馆利用中国民间农历六月六"人晒衣裳龙晒袍"的传统习俗，创立了"晒谱节"家谱交流活动，已连续举办至今。14 年间，活动不断发展壮大，目前已经发展成为全国规模最大、最具影响力的家谱文化交流活动。

"请进来"，一方面是请人进来。湖北省图书馆每年定期开展晒谱节家谱交流活动，邀请全国各地的文化学者、家谱学专家、古籍文化爱好者、家谱收藏者以及所有对家谱收藏感兴趣的广大读者等来鄂图参加家谱活动。通过家谱展览、谱牒文化展览、晒谱展等活动，为全国参加活动的文化人士提供了知识研讨和交流互动的平台，更为家谱征集工作提供了一个直接交流的平台。晒谱节还通过举办谱牒研究论文研讨会、家训家规家风研讨会等活动，提升活动品牌影响力，吸引社会关注，获取文献资源线索。另一方面是请媒体进来。"晒谱节"活动一直重视与新闻媒体的沟通与合作。以 2019 年"晒谱节"为例，新华网、凤凰网、《湖北日报》、荆楚网、长江云等主流媒体分别以《第十一届湖北晒谱节暨红色家谱展举行》《六月六晒谱节红色家谱在汉集中展出》等文章对"晒谱节"进行了详细的介绍和广泛的宣传，取得了良好的效果。2019 年，湖北省图书馆创新宣传方式，将广播纳入宣传渠道。

湖北省图书馆家谱收藏中心策划并开通湖北省首个家谱文化广播专栏《湖北家谱》。节目聘请了大批民俗文化专家、家谱姓氏专家对节目的形式、内容进行研讨，最终通过湖北广播频道，以讲故事的形式讲述各姓氏的家谱故事，传播家谱文化。节目播出以来，产生了广泛的社会效应，许多听众通过《湖北家谱》栏目对家谱的历史文化价值有了更新更全面的认识，许多人以节目渠道，向鄂图捐赠了宝贵的家谱资源。

"走出去"的发展模式是湖北省图书馆家谱收藏的一次积极尝试。2019年，湖北省图书馆组织家谱收藏工作人员、信息咨询部工作人员等，以湖北省图书馆"晒谱节"为切入点，撰写了《突破困境创新路径——湖北省图书馆的家谱收藏》一文，介绍鄂图的家谱收藏工作，并投稿至2019年国际图联大会。文章被大会选中并发言，这次发言不仅代表湖北省图书馆向世人介绍了湖北的家谱收藏工作，更与世界图书馆工作者分享了中国地方文献建设的实践经验，为湖北省图书馆今后在地方文献建设方面提供了新思路。

三、多元化参与模式——残障群体服务活动

湖北省图书馆推出的"书香伴读·聆听你我"是一项专门服务社会残障群体的"聆听＋陪伴"式阅读活动。湖北省图书馆与政府部门、行业协会、新闻媒体、省内高校以及湖北省各类志愿者团队等开展密切合作，深度整合社会各方力量，充分发挥各自优势，以特色阅读活动为纽带，关爱残障群体，为其提供一个全新的交流平台和互动渠道。2016年，湖北省图书馆与湖北省残联联合创建了光明直播室。直播室将图书馆和电台直播间的功能合二为一，既可以提供盲文文献的数字化读物，也可以通过广播为视力障碍人士"读"书。2018年鄂图以"光明直播室"为平台基础，推出了"书香伴读·聆听你我"阅读交流活动。活动通过图书馆推荐、残障人士点选的形式确定读书内容，以"四进"，即进家庭、进学校、进社区、进团体为目标，以"一对一""一对多""多对多"为形式，与残障人士进行面对面陪伴阅读，让服务对象能够通

过互动交流，打开心扉，提高文化素养，融入社会生活。该活动仅 2018 年一年，就举办活动 47 场，招募到社会各界 500 余名志愿者加入，700 余名残疾人享受到面对面伴读服务，通过电台、网络、社交媒体等影响力辐射到 380 万残障人群。

活动之所以取得成功，主要得益于其多元化的参与模式：（1）参与人员多元化。湖北省图书馆积极探索多方联合参与公共文化服务的新模式。湖北省图书馆、湖北省残疾人联合会、湖北传媒集团资讯广播频道、武汉科技大学等单位积极合作，以政府支持为主导，以高校志愿者团体为后盾，整合多方资源与优势，为广大残障群体提供免费文化服务。通过系统培训加过程指导，让社会力量更多地参与到公共文化服务中来，甚至成为活动的主角，激发潜在的社会力量。参与主体的多元化，极大地丰富了人力、物力等资源，很好地解决了图书馆服务存在的现实困境。（2）宣传阵地多元化。伴读活动将服务宣传阵地从馆内延伸至馆外，每个参与单位都发展成鄂图的传播媒介。湖北省图书馆、各级残疾人联合会、新闻媒体、广播电台、高校等在各自的渠道和平台宣传，提供活动数字资源点播和信息推送服务，共享用户群体、推广渠道、品牌优势，实现品牌知名度和项目参与度的提升。（3）特色活动多元化。在活动启动仪式、"自强人生"电台节目、真人图书馆等特色活动中特邀社会名家和优秀残疾人代表担当志愿者，参加伴读活动。发挥名人效应、模范作用，为全社会树立助残榜样，促进阅读推广。

第十节　湖南省公共图书馆创新发展案例

长沙市图书馆文旅融合创新发展

每个地方都有自己的文化优势，结合自身的文化，把公共图书馆服务做

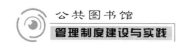
大做强，是图书馆人的责任。长沙市具有"世界媒体艺术之都"和"东亚文化之都"的称号。长沙市图书馆结合自身资源优势，在文献资源中心建设和推广方面抓住机遇，在文旅融合方面做出了一定的成绩。

一、文献资源中心建设

在空间设计上，从书架的颜色到阅览坐席，从布艺沙发到木质吊灯，从书架上的标识到墙上的匾牌，都彰显了东亚元素，增加了空间的辨识力，使读者乐于在此阅读。

在文化内涵上，真正吸引读者的，还是馆藏文献资源。7000 余册"文都"文献，涵盖了各当选城市的历史、名胜、名人、地方文化等，为各地旅游的发展提供了丰厚的文化支持。

二、文献资源中心推广

1. 阅读活动推广

利用文旅融合时代图书馆作为文化交流桥梁的优势，"文都"文献资源中心发挥了其应有的文化互通作用。2016 年 10 月开始至今，该中心举办了"走读世界"系列品牌活动上百场，邀请几十名大学老师（含外教），开展了文化专题文化体验活动，给广大市民打开了一扇观察世界的窗口，深受好评。

2020 年 9 月，长沙市图书馆举办了"书香传友谊文化谱新篇"——"东亚文化之都"文献资源中心建设成果展，把东亚文化的精神内涵生动形象地展现出来。

2. 对外交流促融合

"走出去"与"请进来"，是长沙市图书馆促进中外文化交流的有效做法，从这一理念出发，长沙市图书馆开展了一系列中外文化交流活动。

长沙市与日本鹿儿岛自 1982 年 10 月 30 日缔结为友好城市以来，开展了多次交流，鹿儿岛市捐赠给长沙市图书馆日文原版书刊 6500 余册，鹿儿岛市负责人率代表团访问长沙市时，长沙市也为其播放了《长沙记忆百优工匠》系列影片，介绍了长沙市非遗传承人，展现了长沙制造的长沙文化。

2018 年 9 月 11 日，长沙市图书馆与韩国龟尾市图书馆签署了缔结友好图书馆协议书，通过相互交流与展示，促进了两个城市之间的友谊，加深了中韩文化交流。

第十一节　广东省公共图书馆创新发展案例

深圳图书馆赢得"全球全民阅读典范城市"称号

作为改革开放前沿的深圳市，是一座充满活力的城市。在这里，创业的年轻人多，人们对知识的渴求更加强烈，喜爱阅读的人也就更多。深圳图书馆应读者需求，把图书馆的硬件和软件都打造到较高水平，使深圳赢得"全球全民阅读典范城市"的称号。

一、基础设施和人才队伍建设

"图书馆之城"是深圳早在 2003 年就提出的建设思路，经过 10 年打造，深圳构建了全市统一服务平台，图书编录、数据库、在馆藏数据、读者数据、流通数据等方面集中运作、管理和维护的服务网络。

优良的阅读环境、先进的技术、专业化的人才队伍，构成深圳公共图书馆成熟的服务体系。

建筑结构、装修风格、家具设计、植物景观布置，都是图书馆空间打造

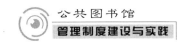
的重要元素。深圳市的图书馆不论是市级的，还是各区馆、街道图书馆，都注意以上元素的应用。罗湖区的"悠·图书馆"是以"图书馆作为第三空间"理念打造的，因给读者带来舒适的阅读环境体验，荣获文化部"最美基层图书馆"的美誉。

在"图书馆之城"大框架之下的深圳图书馆，构建起强大的网络与数据中心，设计研制出"图书馆之城"中心管理系统，对各项业务起重要的支撑作用，并不断完善"图书馆之城"中心管理系统基础应用平台，建立网站服务等。读者通过以上平台，体验到全城化、无差别的图书馆服务。

通过融合全市图书馆人力资源，重点支持他们科研和进修，深圳图书馆培养出一批图书界的科研领军人和学术人才。解决户口、房补、家庭安置等各项福利政策的使用，吸引了各地人才，使图书馆人力资源得以充实。

二、少儿阅读活动的推广

深圳以"阅读·进步·圆梦"为主题，在每年 11 月的深圳读书月，整合各方力量，协力打造书香城市。

（一）"爱阅公益基金"项目

深圳市的"爱阅公益基金会"成立于 2011 年，其愿景是"凝聚社会力量提升儿童阅读品质"。基金会的执行项目有三个。

第一，"阅芽计划"。深圳市 0～6 岁儿童都能得到阅芽包，享受阅读指导服务。

第二，书目项目。深圳图书馆从价值、视野、趣味等角度，从"爱阅童书100"等中筛选图书，使其成为相关部门采购图书的参考。

第三，乡村阅读儿童资助项目。深圳图书馆捐建的 297 所"乡村小学图书馆"，向其捐赠童书，给乡村孩子带来阅读的快乐。

（二）中小学图书馆"常青藤"计划

深圳市少年儿童图书馆为主，各中小学图书馆加盟的共享平台进入校园，这就是深圳市推出的中小学图书馆"常青藤"计划，已有 150 多所学校加入了该计划。另外，深圳市少年儿童图书馆还推出"阅读榜"平台，该平台不仅提供丰富的阅读资源，还能推荐书目、指导专业、互动答题等，为校园创造优越的阅读条件。

（三）"少儿智慧银行"项目

深圳"图书馆之城"于 2015 年推出"少儿智慧银行"，意在促进儿童以阅读储蓄方式增长智慧。该项目推出了"小博士百科知识挑战赛"等活动，深受小读者欢迎，在册的少儿读者已有 28 万多人。"少儿智慧银行"每年对全市 3 ～ 13 岁儿童读者的借阅数据加以分析，掌握儿童阅读的各项数据，从而对服务等作出适当的调整。从而激励小读者，调动其阅读的积极性。

三、重视为视障读者服务

深圳图书馆在馆藏、盲用设备以及服务方面，为视障读者提供了方便条件。

深圳图书馆现有盲文图书 3000 余册，智能读书机 800 余台，磁带和光碟 1093 件，从馆藏方面储备了较为丰富的资源。

装有带有永德读屏软件的学习电脑、清华双星盲文图书机、清华 THDZ40 盲文点字显示器、Merlin 点字扩视器、BrailleNote 盲人笔记本电脑，为视障读者提供了较全面、先进的盲用设备。

电脑成为我们工作和生活不可缺少的工具，我们大多数人都会轻松自如地使用，但对于视障人士来讲，他们使用起来就很不容易。帮助视障人士掌握电脑应用技术，是一件功德无量的好事。深圳图书馆急视障人士所急，根据用户需求和现有资源及时调整策略，提高视障用户信息素养，其主要手段是通过盲用电脑培训来实施。

从 2016 年 11 月开始，深圳图书馆即举办视障读者免费电脑培训班，每周上两次课，由深圳市信息无障碍研究会的义工老师授课。同时，还举办电脑知识比赛。通过比赛，巩固了教学成果，促进了电脑的熟练操作。

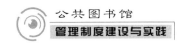

第十二节　重庆市公共图书馆创新发展案例

重庆市特色阅读空间部分案例

一、杨武能著译文献馆

作为重庆人的杨武能，是德语翻译家和作家，《格林童话》在中国第一个全译本译者。为了加强对杨武能学术的研究，吸引更多的人关注翻译文学，重庆市图书馆精心打造了"杨武能著译文献馆"。

300平方米的文献馆具备文献借阅和学术研究两种功能，陈列着著作和译作新老版本百余种近千册，以及钱锺书等名家与杨武能来往的珍贵信函等珍贵文献资料。

依托以上独特条件，重庆图书馆创立了"格林童话之夜"活动品牌，通过表演、阅读分享等方式生动展现文献魅力，实现了重庆图书馆馆藏建设和全民阅读的融合。

2019年10月9日，杨武能著译文献馆成立重庆国际交流研究中心，使图书馆服务特色化。

二、"儿童之家"阅读服务空间

2019年，重庆市大渡口图书馆全馆功能升级改造，这为图书馆带来了机遇。借此机会，重庆市大渡口图书馆扩大了"儿童之家"阅读服务空间，还按年龄段和功能对空间进行分区。同时，举办了各种活动，促进了少年儿童阅读的开展。

三、北碚图书馆饮食文化主题分馆

与饭店合作，共建饮食文化主题，是北碚图书馆与地方合作的一种方式。

图书馆以分馆建设和文献服务为主，合作方负责日常管理。2000 多册饮食文化方面的图书，配置在馆内，馆内还划分了餐饮区、阅读区和休闲区，安装有 Dlibs 图书借还系统，可与总馆图书通借通还。人们在这里分享美食知识，以文会友，图书馆与饭店实现跨界融合。

重庆市图书馆的"智慧空间站"

孩子是国家的未来，少儿正是长身体、长知识的黄金阶段。少儿阅读，尤其是科普阅读，对少儿的成长具有非凡的意义。重庆图书馆十分重视少儿科普阅读及科学活动，取得了较好的成绩。

随着重庆图书馆在少儿科普阅读推广的深入开展，一些项目在不断增加和实施，经过反复实践，打造自己的可持续发展的品牌——智慧空间站。

丰富的馆藏科普资源、科普模型是少儿科普的基础，科普专家团队是少儿科普的引航，重庆图书馆推出的"智慧空间站"就是把以上几个因素结合起来，为青少年科普阅读推广助力的具体体现。

在具体实施方面，重庆图书馆通过办展览、读书会、科学实验等多种形式展开，其知识动力舱、奇妙实验室、牙牙科普三个系列颇具特色。

知识动力舱靠的是重庆图书馆丰富的纸质文献和数据资源，可供青少年读者线上线下阅读或沉浸式体验；奇妙实验室依托具体的科学实物模型与标本，以动手为主，感知科学世界；牙牙科普是关于牙齿健康的科普教育。

"科普知识视频＋线上趣味问答＋线下科学实验"三种活动相形式结合，使得知识动力舱办得生动形象，小朋友们学得快乐而有趣，知识掌握得牢固而轻松。

重庆图书馆"科普知识展览＋科普绘本展阅＋科普专家现场指导"的形式，采购牙齿健康方面的绘本并给青少年以讲解；牙科医生到现场给予讲解并答疑解惑。

多方资源汇集，从科普方面给青少年发力，重庆图书馆做了有益的尝试。

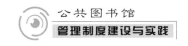
重庆图书馆文旅融合

文化和旅游，本来就是互相包含的，书本上的东西，要到现场看一看，才有实感；现场看的东西，要到书本上查到出处。随着时代的发展和社会的进步，旅游业会越来越兴盛，公共图书馆也要跟上形势，在和旅游结合上做大文章。

重庆图书馆依靠独特的地理优势，抓住旅游商机，把图书馆办到船上，办到旅游区，办到民居，把旅游和读书很好地结合起来，使重庆山水书香四溢。

一、"图书馆＋旅游"

重庆图书馆与重庆旅游投资集团合作，把图书馆办到船上，打造了重庆长江黄金邮轮图书流通点，定期把图书期刊送到邮轮上，使游客在欣赏山水的同时，阅读到自己的喜爱的图书以及和重庆文化相关的图书。

天星小镇是重庆市的 5A 级旅游景区，重庆图书馆在此设立了图书馆流通点，2000 余册国学、旅游、文学等休闲类图书，成为游客"免费的午餐"。

"的米城市民宿"，是重庆市旅游的打卡地，游客在这里可以享受 24 小时开放的城市书房，上万册图书，成为人们的最爱。

二、"图书馆总馆＋分馆"模式

积极响应文旅融合的发展理念，重庆图书馆在江北国际机场开设了空港分馆，并设 5 个点位，配有各类图书 5000 余册，旅客在机场闲暇，也可享受阅读的乐趣。另外，重庆还有得天独厚的抗战文化、革命文化和统战文化，重庆图书馆在相应的景点均设置了内容相关的图书，丰富景点的服务内容，提升了城市知名度，美化了城市形象。

三、"图书馆＋活动"

重庆图书馆通过展览、讲座等活动，让文物说话、让历史生动呈现，把巴国文化、巴渝精神等传达给听众，使听众感受到博大精深的巴渝文化独特魅力。

重庆图书馆还把展览办到景区，他们把当地文化旅游风光图片展现给旅客，还把"爱心流动书吧"办到景区，既宣传了景区，又丰富了游客的观光、阅读生活。

十大网红景点赠书，也是重庆图书馆举办的特色活动。他们在渝中区设了 10 个赠书点，把重庆文化送到每一个读者的手中。

以特色文献资源为媒介，宣传旅游文化。涪陵图书馆把古籍和地方文献的独特文献资源，作为对中外读者提供研究、学习当地文化的重要参考资料，给中外游客打开了一扇了解重庆文化的窗口。

四、"图书馆＋文创产品"

重庆图书馆还设计了带有"重庆符号"的纪念邮册、纪念印章等文创产品，把巴蜀文化呈现给广大游客。

文旅融合背景下，公共图书馆如何转变观念，开动脑筋，因地制宜，创造性地推出系列项目和产品，重庆图书馆做出了自己的贡献。

第十三节　陕西省公共图书馆创新发展案例

陕西省图书馆为残疾人提供阅读及特色服务

为残疾人服务，保障残疾人享受文化生活的权益，也是公共图书馆服务的一个重要方面，陕西省图书馆在硬件和软件上，都做了很大的改善。

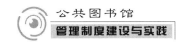

一、阅读空间及馆藏资源

早在 2008 年，陕西省残疾人联合会、陕西省图书馆就共同建立了视障阅览室。考虑到视障读者出行不便，视障阅览室设在图书馆一层。视障读者使用的桌椅都是特别设计制作的，桌面也设计得宽大而美观，提高了阅读的舒适度。

1500 册（件）盲文图书馆和视听资料、9 台电脑、2 台盲文点显器等设备，为视障读者提供了较为丰富的馆藏资源。

二、专为视障读者的特色服务

针对视障读者身体条件和心理特点，陕西省图书馆视障阅览室工作人员利用各种节日，开展系列性的特色服务。

一是定期播放无障碍电影。每年 8 月，图书馆就在残疾人活动周播放无障碍电影，使得广大残疾人朋友走出家门，前来观影。陕西省图书馆定期为残疾人朋友播放电影，并组织大学生助残志愿者为盲人朋友讲解。

二是开设免费的培训课程。陕西省图书馆视障阅览室工作人员为解决视障读者电脑知识缺乏的问题，给他们免费讲授电脑基础知识等方面的课程，培训课理论和实践相结合，注重实操和针对性。另外，视障阅览室还让视障读者体验易通学校的盲用设备，感受科技给其带来的便利。

三是举办普法讲座。让残疾人知晓与自身相关的法律，学会用法律维护自身的权利。

四是举办各种文艺活动及比赛。陕西省图书馆通过承办全省残疾人读书达人演讲比赛，举办"用声音感知世界"视障读者读书交流、"陕西省图书馆残疾人文艺汇演"等活动，给残疾朋友提供了展示才艺的舞台。

五是积极吸纳志愿者。陕西省图书馆健全志愿者服务体制，招募志愿者为视障读者服务。志愿者在周末、寒暑假或不定期协助图书馆工作。

蓝天之下，共享阳光。正是有像陕西省图书馆这样为残疾读者热心周到的服务，才使得他们的世界更加美好。

西安市公共图书馆儿童阅读推广模式

一、完善图书馆儿童服务体系建设

公共图书馆若要给儿童提供优质的服务，就要建立相应的服务体系，首先在硬件上完善服务空间和设施。

西安市 10 余家公共图书馆的管理者及馆员深谙此道，他们加大对图书馆的经费投入，购买儿童喜爱的读物，不断丰富馆藏资源。

在一些社区，西安市设置了淡绿色的社区图书馆，称之为社区智慧图书馆。图书馆为钢结构的墙体，配大面积的透明玻璃，内部照明、电子设备及安全设施齐全，书架上的图书琳琅满目。

二、举办丰富多彩的儿童阅读推广活动

西安市公共图书馆开展儿童阅读推广活动主要有 4 种模式。

一是举办儿童故事会。西安市公共图书馆都设有儿童借阅区，图书馆会定期举办儿童故事会等相关阅读推广活动。各个图书馆都会根据自身的情况和特点，制订阅读推广计划。他们的阅读活动主题丰富，形式活泼，有洋妈妈讲故事、绘本故事展演等，充满情趣，深得孩子们的喜欢。

二是利用"图书馆＋学校"模式。"图书馆＋学校"模式，是图书馆和学校合办的一种阅读活动，内容有学生参观图书馆、图书馆给学校捐书、图书馆和学校合办朗读比赛、举办知识讲座等。一系列活动的开展，让孩子们爱上阅读。

三是设立社区图书馆。按照总馆和分馆的服务模式，西安市的社区图书

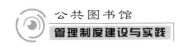
馆为读者提供 24 小时全天候服务。社区图书馆都是现代化的，里面有自助借还设备等。

四是利用官网和微媒体扩大宣传。西安市公共图书馆积极用微信、微博以及官网等推广儿童阅读，并发布图书馆的各种公告以及儿童阅读推广活动的内容。图书馆每月还会选出一个"读者之星"，对借阅量最高的读者加以鼓励，促进少年儿童更多地阅读图书。

第十四节　香港公共图书馆创新发展案例

香港：形式多样促阅读

香港的阅读文风相当浓厚，在政府的大力倡导和推动下，通过各种阅读活动，促进青少年的阅读能力的提升。

香港青少年的阅读活动，可谓丰富多彩。

一是奖励阅读项目。香港公共图书馆从 1984 年即推行"儿童及青少年阅读计划"，目的在于培养学生阅读习惯、分享阅读乐趣、扩大知识面、提升语文水平。为了吸引青少年读者，图书馆鼓励和提倡亲子阅读，并开展评比，成绩突出者可获得奖状和奖牌。

二是读书会活动。读书会聚集喜爱读书之人，一起讨论共读作品，通过讨论，表达各自感受，分享快乐。

三是"阅读缤纷月"活动。"阅读缤纷月"在暑假举行，目的在于推动亲子阅读，激发青少年的阅读热情。每年的阅读活动都设有专题。此外还有各种有趣的体验活动。

第十五节　美国公共图书馆创新发展案例

美国公共图书馆的管理与服务

美国公共图书馆服务体系建设得早，发展也较快。美国的图书馆超过 10 万家，设施齐备，功能完善。

美国公共图书馆采取的是垂直管理，即把所在区域的总分馆作为一个个体统一进行人财物的管理。公共图书馆在当地人的心目中地位很高，地方官员也很看重，把图书馆建设作为参选的条件。民众积极参加图书馆的志愿者活动。

美国公共图书馆管理运营高效运行，读者持有效身份证，在服务台几分钟就可把读者证办妥。读者归还图书，在图书馆的还书窗口或附近的社区书柜即可；续借图书也可以打电话或通过网络进行。读者可以跨地区借还图书。

政府或热心人士重视图书馆建设。美国政府规定，各地方政府必须将地方税收的一部分用作图书馆建设。各种基金会和热心人士，也向图书馆提供捐助，为图书馆的建设提供了坚实的财力保障。

多种个性化的服务，为读者带来很大的便利。他们在各阅览室都备有饮水机、复印机等，读者还能免费上网。一些社区图书馆还为市区提供免费电脑培训及辅导课程。

美国公共图书馆对弱势群体服务也很重视，从法律上提供保障，从资金方面给予支持。

美国公共图书馆早期读写项目

儿童的国家的未来，世界上每个国家对儿童的教育都同样重视。以美国公共图书馆为例，他们早就推出了"图书馆为每个儿童都准备好了阅读"项

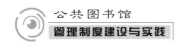

目。该项目有针对性地对不同用户群体提工具包，服务于早期读写服务能力。有为父母准备的，也有为儿童保育中心准备的。

一、增强读者对早期读写的了解

"图书馆为每个孩子都准备好了阅读"项目，通过多种方法增强读者对早期读写的了解。

一是自我宣传。比如，在公共图书馆内张贴海报、发宣传手册，到社区办早期读写活动等，吸引更多的低幼儿童家长到图书馆接受儿童早期读写指导方面的教育。

二是其他机构合作宣传。方式有：馆员借助学校及家长对早期读写加以宣传；教授教师早期读写内容，再由教师向家长传授；公共图书馆馆员到医院等机构对低幼儿童家长加以培训。

二、提供丰富的早期读写资源

提供多样化空间资源及丰富的读写培训资料，是"图书馆为每个孩子都准备好了阅读"带给低幼儿童家长的福音。

安静悠闲的阅读空间，馆内设置咖啡厅，给亲子阅读提供了宾至如归的空间。为低幼儿童提供带有主题性的游戏空间，让孩子们在游戏中进入角色，孩子们在游戏中锻炼读写技能。图书馆为低幼儿童及家长提供亲子互动数字化空间，配置设备，并提供分段培育材料。

三、推出多种早期读写项目

针对低幼儿童及家长需求，"图书馆为每个孩子都准备好了阅读"项目推出多种早期读写活动。

一是"故事时间"亲子项目。旨在提升低幼儿童早期读写技能，同时也涵盖了对家长培育的内容。

二是针对父母的早期读写培训项目。家长们在馆员的指导下，掌握培育孩子早期读写能力的方法。

四、与多方合作开展服务

与社区花园联谊，使低幼儿童获得体验种植的机会；与有关教育社区合作，使儿童获得更多受教育机会，这都是"图书馆为每个孩子都准备好了阅读"项目尝试与不同机构合作，为居民提供更多的服务。

对于贫困家庭，公共图书馆也与多部门合作，为他们尽量创造更多的机会，让低幼儿童体验机会与读写资源，助力低幼儿童早期读写技能提高。

美国公共图书馆还根据少年儿童的心理和生理特点，在馆内的设施方面，如桌椅板凳、书架等，都是根据儿童的特点配置，还根据年龄分段，请专业老师组织开展绘本、演讲、朗诵等活动。

美国纽约公共图书馆基础教育支持服务

公共图书馆利用自身资源和技术优势，为基础教育赋能，也是满足中小学生学习需求的创新服务。

美国纽约公共图书馆利用资源优势，面向中小学生，开展资源推荐与订阅服务，他们通过分析和挖掘师生信息行为，针对性地提供全方位服务。图书馆数字化处理馆藏书刊等资源，利用链接导航将其他图书馆课程资源和网络课程资源建立镜像站点集合到本馆数据库。另外，图书馆还成立课件开发小组，开发课件，创新网络服务技术，实现"无边界"地支持基础教育服务。

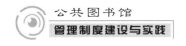
美国公共图书馆自闭症儿童群体服务

自闭症是影响儿童健康成长的顽疾。如何帮助自闭症儿童摆脱疾病的困扰、走向健康生活？公共图书馆在这方面可以做哪些工作？

一、开展走访式谈话式需求调研

针对自闭症儿童，用对正常人群的调研方式，显然是不适宜的，美国公共图书馆采取的是走访式和谈话式的方式。访谈前，图书馆员或受过专业训练的志愿者与孩子的父母充分沟通，了解孩子的兴趣、习惯及平时喜欢的事物等。初次与自闭症儿童沟通，访谈人员登门拜访，通过孩子的父母与孩子沟通，并且选在儿童熟悉的区域进行。经过多次交流，在获得儿童足够的信任后，馆员或志愿者与自闭症儿童才开通正常的交谈，还要保持频繁的接触。

二、提供安全且熟悉的物理空间

与普通读者相比，自闭症患者更缺乏心理安全和认同感，在陌生环境中烦躁不安，而简洁的空间和柔和的照明，自然适宜自闭症儿童。美国芝加哥公共图书馆专门为自闭症儿童群体打造了安静的感官室，使其在此开展私密的阅读与娱乐。

三、开展亲子教育辅助服务

公共图书馆向自闭症儿童提供亲子教育辅助服务活动，分两种模式。一是以亲子教育为主导，图书馆提供活动内容与场地以及辅助服务。图书馆开展了绘本共读，俱乐部还有绘画、拼图与唱诗等活动。二是以其他社会机构为主导，图书馆负责传播知识与技能。如聘请语言病理学家与自闭症职业治疗师，指导自闭症儿童利用视像、声音和触感等参与游戏。这种活动激励了自闭症儿童的表达意识，激发了其想象力及肢体协调能力。

第十六节　加拿大公共图书馆创新发展案例

加拿大里贾纳公共图书馆早期读写服务

加拿大里贾纳公共图书馆早期读写服务，是该馆发起的针对 0 ~ 6 岁儿童识字技能的服务，内容有早期读写活动开展、早期读写指导材料提供和早期读写空间设计等。

一、举办形式多样的早期读写活动

里贾纳公共图书馆通过举办"升级"与"在里贾纳一起阅读"等早期读写互动，鼓励父母带着儿童到馆参加活动，培养孩子早期对读写活动的兴趣，同时也引起父母对早期读写技能的重视。

一是"升级"活动。此项活动以参与时间的累计为标准提升儿童阅读等级，并奖励完成任务者。旨在助力儿童早期读写技能的提高，培养儿童的探索精神，形成批判性思维。具体内容有阅读书籍、听有声读物、朗读等。

二是"在里贾纳一起阅读"活动。里贾纳公共图书馆为医院出生的婴儿提供一个书包，内含早期识字资源，有婴儿的两本书、婴儿的父母使用的为期一年的月度阅读指南，还有童谣、歌曲的小册子。

二、提供培育早期读写技能指导材料

婴儿对人的声音感兴趣，对韵律和节奏也能做出反应。看护者在婴儿吃

饭、穿衣和睡前，可用故事、歌曲及动作韵律，介绍单词和声音，帮助他们认知周围的事物。里贾纳公共图书馆为婴儿提供的押韵视频，对增加他们的词汇量会有较好的帮助。

针对家长缺乏指导低幼儿童早期读写能力方法的问题，里贾纳公共图书馆为其提供了"年轻读者资料"等材料，里面介绍了早期识字的技能及培育方法。

三、打造早期读写互动空间

里贾纳公共图书馆为低幼儿童及家长打造了丰富的读写空间，一是活动运行空间，为亲子阅读提供早期读写、玩耍的场地；二是游戏空间，图书馆设置游乐区，里面摆放玩具和绘本；三是早期识字站空间，为家庭提供专属计算机，帮助父母培育低幼儿童读写技能；四是智能桌空间，放置巨型平板电脑早期识字协作工具。

第十七节　英国公共图书馆创新发展案例

英国公共图书馆的建设和运营

英国在公共图书馆运营和建设方面，具有以下几方面的特征：

一是设置图书馆管理机构。英国的公共图书馆在建设和管理方面由专职人员负责，在其管辖的区域内有管理机构，名为公共图书馆局。主要功能为对辖区内公共图书馆进行统一规划和布局，负责各分馆图书采购、人事和财务，读者咨询由各分馆负责。

二是公共图书馆数量多，服务品种全。

三是以人为本。英国的公共图书馆不仅数量多，而且多数离读者居住区较近，每个社区图书馆的藏书都在 10 万册以上。

四是发挥第三方的建设作用。自 18 世纪起，英国就强调图书馆的社会参与和民主决策，政府不过多参与图书馆管理，图书馆理事会及图书馆馆长协会等社会团体，也会参与图书馆管理，对英国公共图书馆服务体系建设起了重要作用。

五是引进社会资金参与建设。对于公共图书馆，英国政府除了在政策上给予一定的扶持之外，也吸引了企业和文化机构参与公共图书馆建设，给图书馆带来活力。

英国公共图书馆特殊群体阅读推广品牌服务

一、"阅读起跑线"

基于特殊儿童阅读困难的问题，1992 年，英国图书信托基金会和大学、图书馆、医疗机构合作，成立的"阅读起跑线"项目，旨在帮助儿童阅读及培养其识字能力，使患病儿童养成阅读习惯且爱上阅读。

二、"未上锁的书籍"与"提前阅读"

在英国，多数监狱中的服刑人员文化水平低下，缺乏足够的工作技能，很少有去图书馆学习或参与阅读的活动。针对这一状况，英国公共图书馆推出以下项目。

（一）"未上锁的书籍"

针对监狱和少管所等特殊人群，英国有关部门合作打造了"未上锁的书籍"阅读项目。支持服刑人员和当地社区居民定期在监狱会面，组成读书小组，交流读书心得，改善人际关系，帮助服刑人员摆脱监狱生活后能融入社会。经过努力，大多数参与者的读写能力有所提高。

（二）"提前阅读"

"提前阅读"又称"六本书挑战"。该项目目的是使阅读困难的人从阅读中获得阅读的乐趣。活动参与者每人选择六本书，把读后感以日记的形式记录下来，从而获得挑战证书。在有关基金会的资助下，服刑人员得到了有效的阅读干预。监狱定期带学员到图书馆学习，学员经过一段时间的学习，提高了学习的自主性。

（三）"健康阅读"与"阅读之友"

痴呆症人群在精神和身体上都有一定的疾病表现，但阅读文献和获取信息，可以帮助他们得到一定的治疗，对他们的康复有一定的帮助。

1."健康阅读"

"健康阅读"是阅读机构与图书馆联盟合作打造的项目，图书馆提供的阅读书目都与健康相关。

2."阅读之友"

"阅读之友"是由国家彩票社区基金资助并相关部门共同推出的阅读项目，旨在帮助老年人建立更多的社交机会，对老年人之间的情感认同和身心健康都会产生积极的影响。

四、"快速阅读"

针对一般患有阅读障碍的人阅读速度慢、记性差的问题，阅读机构联合公共图书馆及监狱等部门推出"快速阅读"项目。通过"快速阅读"，提高了学习者的阅读信心和识字技能。

五、ReadingWell 处方书目

ReadingWell 处方书目负责制作阅读书目清单，读者通过阅读所荐书目，

排解负面情绪，达到身心平衡。其书目有 300 多种，分非处方和处方两类，非处方类即"好心情"书目，体裁以诗歌、小说和纪实文学为主，通过阅读此类书目，达到舒缓压力和振奋精神的目的。处方类旨在疗愈持续性心理困扰和各类心理问题、心理慢性疾病等书目，帮助读者提高自我健康管理水平。

第十八节　德国公共图书馆创新发展案例

德国公共图书馆助力青少年阅读

德国公共图书馆针对网络时代青少年阅读特点，推出了一系列阅读推广的活动与策略，推动了青少年阅读。

一、媒体图书馆

在全媒体时代，阅读方式的多元化，导致有的青少年阅读偏重电子书，把青少年的阅读注意力转到纸质上来，是一个易以解决又亟待解决的问题。

德国汉堡媒体中心和德累斯顿媒体图书馆精心打造青年人喜爱的阅读空间，还搭建了一个小舞台，可以在上面表演朗诵等活动。里面甚至摆放了几位时尚的模特衣架，既为室内装饰，又为商家做了广告（因此获得一笔赞助），深受年轻人喜爱。

二、让青少年参与选书

阅读危机是全球性的问题，德国也不例外。虽然德国人喜爱读书，但调查显示，德国青少年的阅读兴趣不断下滑。调查也发现，每个孩子都有自己喜欢的题材、语言风格和装帧设计。根据这一情况，德国图书馆等机构便开始邀请青少年参与图书馆评估和挑选。其中，"莱比锡青少年文学作品评选委员会"做得最为成功。通过吸引越来越多的青少年参与选书的行列，避免了图书馆、家长、学校推荐的孩子们并不喜欢的图书。孩子们拿到了他们自己真正喜欢读的书，就会对阅读越来越感兴趣。

第十九节　澳大利亚公共图书馆创新发展案例

澳大利亚公共图书馆"更好的开始"早期读写服务项目

"更好的开始"是由澳大利亚国家图书馆开发和管理、政府经费支持、培育儿童识字能力的早期读写服务项目。该活动自 2004 年开始，每年服务 60 多万个家庭。其服务内容有以下 4 个方面。

一是提供多样的阅读包。"更好的开始"项目根据不同年龄儿童特点以及不同目的，设计不同内容的阅读包。从学习识字的童谣、绘本到游戏书，还有音频 CD 等，形式多样，品种齐全，深受家长和孩子们的欢迎。

二是举办多种类型的早期读写活动。"更好的开始"项目下的公共图书馆举办多类型的早期读写活动。比如，举办免费的学校假期活动及举办"书籍走起来"活动。"书籍走起来"活动很有情趣，即鼓励儿童和家庭把自己的故事绘成一本书，用复印机打印出来。让每个儿童成为小作者。鼓励他们把原本保留后，把副本放置社区展览书屋中供他人借阅。

三是提供早期读写培育指导。"更好的开始"项目向孩子的父母推荐儿童发展相匹配的书籍和语言活动，提倡父母与儿童每天一起读、说、唱歌和玩耍，教给父母亲子阅读的技能和方法。

四是为特殊群体提供特色化服务。澳大利亚国家图书馆向偏远土著社区提供的"土著"项目，是针对 0～5 岁儿童家庭提供的早期读写项目，有两项内容，一是向家长传授儿童早期读写能力的方法，二是向儿童家庭提供早期读写资源。

第二十节 日本公共图书馆创新发展案例

日本公共图书馆的管理与服务

日本公共图书馆服务体系，按行政级别从高到低设置为都、道、府、县、市、町、村，其中都、道、府、县级别图书馆，是从宏观上对所属各公共图书馆进行统筹规划、协调管理，而市、町、村立图书馆可为公民提供借阅服务。日本公共图书馆实现了完全通借，同时，为不同人群提供个性、周到的服务。

对残疾人服务方面，日本公共图书馆做得细致而周到，在设施上，设有无障碍通道、专用电梯、洗手间及轮椅；在图书馆的标识指引上，设置了盲文。另外，对馆员的专业水平和学历方面要求也较高，对专门服务残障人士的馆员，还要掌握盲文、手语和特殊机器使用等能力。

附录 临沂市图书馆规章制度选

采编部工作职责

一、负责拟定市图书馆馆藏规划方案和编目规则，设定图书管理系统操作权限，指导图书别旧工作。

二、安排固定专人对接外借书库，负责对接书库的新书采访、编目、馆藏调整等工作，及时了解读者对文献阅读需求和反馈信息，不断提高藏书质量，优化馆藏结构。

三、依据本馆购书预算额度，制定结构合理、特色突出的文献资源采访方案。

四、负责新书的验收、登记、报账、统计等工作。

五、负责对文献信息进行科学分类，严格按照最新版《中图法》类分文献，保证所分文献准确性、系统性和连续性。

六、按照《中文图书著录规则》和《西文图书著录规则》进行编目，发现问题及时修正，做好图书加工工作。

七、负责文献典藏分配及入库交接工作。

八、负责新书推荐宣传资料制作，及时发布新书推荐信息。

九、定期与相关部室进行图书资料库存对账，负责做好图书资料（资产）管理工作。

十、建立覆盖全流程的工作日志，做到内容简洁、条理清晰。

十一、按时完成馆内分配的年度文化活动工作任务，并及时提供相应的活动照片资料。

十二、负责本部室责任区域的日常安全、卫生工作。

信息中心工作职责

一、负责市图书馆公共数字文化工程推广与服务。二、负责公共电子阅览室免费开放。

三、负责市图书馆中心机房、网络设备及自动化设备的维护管理，保障市图书馆自动化服务和数字化服务正常开展。

四、负责市图书馆网站、微博、微信的发布、推广和维护管理。

五、整合图书馆数字资源，积极开展计算机培训、公益电影放映、数字文化体验等活动。

六、负责全市地方特色文化资源的数字化加工，提高市图书馆数字资源建设水平。

七、完成承办的文化活动工作任务，及时提供照片资料。八、负责责任区域日常安全、卫生工作。

借阅部工作职责

一、借阅部负责图书的日常借还、盘点及书库管理（含辅助书库），藏书精准排列上架。负责报刊阅览以及读者证办理。

二、负责做好入库图书、报刊的接收登记并及时上架，根据相关工作规范，开展文献修复及剔旧工作。

三、负责过报过刊的装订保管。

四、负责做好读者接待工作，解答读者提出的有关问题，为读者提供优质服务。

五、负责市图书馆分馆文献资料的配送、交流和自助借还系统的日常维护管理，确保自助借还系统正常运行。

六、负责外借超期图书的催还，以及办理超期图书或污损、丢失图书的相关手续。

七、负责对图书、期刊等各类文献资料和读者阅读需求的调查，征求读者意见，为新书采访提供依据。

八、负责本部室各书库图书资产的管理，入库出库要登记台账，定期与采编部对账，确保馆藏图书账目相符。

九、负责对管辖书库工作人员的管理，明确职责，实行服务窗口工作任务责任到人，认真做好工作人员管理工作。

十、完成承办的文化活动工作任务，及时提供照片资料。十一、负责责任区域的日常安全保卫、卫生保洁工作。

少儿部工作职责

一、负责少儿书库图书的日常借还、盘点及书库管理（含辅助书库、少儿借阅室），藏书精准排列上架。负责图书剔旧及修复工作，开展文献剔旧工作。

二、负责少儿阅览室图书的阅览、保管工作。

三、负责做好读者接待工作，解答读者提出的有关问题，为读者提供优质服务。

四、负责市图书馆分馆相关图书的配送、交流工作。

五、负责外借超期图书的催还，以及办理超期图书或污损、丢失图书的相关手续。

六、负责少儿借阅室自助系统的维护管理。

七、负责对适于青少年的各类文献资料和读者阅读需求的调查，征求读者意见，为新书采访提供依据。

八、负责本部室各书库图书资产的管理，入库出库要登记台账，定期要与采编部对账，确保图书账目相符。

九、负责对管辖书库工作人员的管理，明确职责，实行服务窗口工作任务责任到人，认真做好工作人员管理工作。

十、根据相关管理办法有计划地发展市图书馆分馆、图书室、图书流通点。

十一、完成承办的文化活动工作任务，及时提供照片资料。十二、负责责任区域的日常安全保卫、卫生保洁工作。

业务研究辅导部工作职责

一、负责市图书馆的业务辅导、业务工作会议、学术交流活动的筹备，主持和组织全市范围的业务活动，促进我市图书馆事业的发展。

二、负责搜集、整理并保管图书馆学专业书刊资料，组织并推动我市图书馆业务研究，推动图书馆学的发展。

三、负责本馆职工培训，提高馆员的专业知识和业务技能。

四、负责解答基层馆（室）提出的业务咨询，帮助基层馆（室）开展工作。

五、负责组织开展馆际业务交流，掌握并及时通报国内图书馆事业的发展动态和图书馆界业务开展方向，为本馆业务发展决策和规划提供建设性意见。

六、负责业务统计和档案整理工作，定期上报统计数据。七、负责市图书馆尼山书院的日常运行。

八、完成承办的文化活动工作任务，及时提供照片资料。

九、负责责任区域内的日常安全保卫和保洁工作。十、完成馆领导交办

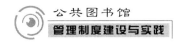
的其他工作任务。

报刊部工作职责及考核办法

为推动报刊部精细化管理，提高工作人员积极性和主动性，确保工作高效开展，提升服务水平，结合实际工作，制订本制度。

一、报刊部工作职责

1.报刊部包括报刊阅览室和过报过刊阅览室。负责报刊征订、阅览服务、过报过刊整理装订、编目上架。

2.报刊部实行工作目标责任管理，工作任务责任到人。当日收到的报纸按照工作分工当日完成记到和上架，期刊自收到之日，两日内完成记到和上架。

3.漏发错发的报刊，责任人要及时进行催缺调换，并形成工作记录。年中停刊的，要在月业务报告中进行说明。

4.对需要装订收藏的过期报过刊下架后按种类存放，报纸按1.5cm~2cm厚度装订；期刊按2.5cm~4cm厚度装订。单本厚度1.5cm以上的，可不装订，直接编目。

5.未达到装订要求的，分类循序存放。

6.无须装订收藏的报刊，打包存放，转交办公室处置。

7.对装订后的过报过刊，每季度首月统一交由签约的广告公司进行封皮胶装，当月内完成编目上架。

8.做好政府公开信息日常管理，相关资料摆放整齐有序。

二、报刊编目规则

立足报刊部实际工作，本着简单易用、有效著录的原则，制定本编目规则，指导馆藏报刊编目工作。

1.所有期刊均应当通过interlib图书集群管理系统报刊管理模块进行记到。

2. 报刊著录要素：题名、ISSN 号 / 统一书刊号、条码号、价值。

3. 重要或具有代表性的报刊，详细著录。

4. 装订本内有缺失的，需按固定格式添加说明。

三、报刊部考核办法

1. 报现刊考核

（1）工作日需将当日收到的报纸完成记到和上架，期刊两日内完成记到和上架。检查过程中，每发现遗漏一种，扣相关责任人 0.1 分。

（2）对于漏发错发的报刊，要及时进行催缺调换，并形成工作记录。年中停刊的，须在业务月报告中进行说明。违反本项规定的，每次扣相关责任人 0.1 分。

2. 过报过刊考核

（1）过报过刊下架后按种类存放，需要装订收藏且已具备装订成一册量的（报纸装订厚度 1.5cm~2cm，期刊装订厚度 2.5cm~4cm），次月完成上一月的过报过刊装订。违反本规定的，每发现一种，扣相关责任人 0.1 分。

（2）未达到装订要求的，应当分类循序存放。违反本项规定，每发现一种，扣相关责任人 0.1 分。

（3）装订后的过报过刊，每季度首月统一交由广告公司进行封皮胶装。胶装完成后当月内完成编目，并根据过报过刊上架规则完成上架。违反本项规定的，每次扣相关责任人 0.5 分。

（4）未按照著录规则进行编目的，扣发责任人当月奖励性绩效工资。

（5）做好政府公开信息管理，确保摆放整齐有序。每发现一处摆放混乱的，扣 0.1 分。

（6）报刊阅览室责任书架考核成绩归入本窗口，与报刊管理工作考核共同计分，正确率为 100% 的工作人员，给予加 2 分的奖励。扣分上限为 3 分。

（7）未按照考核要求履行工作职责的，除按相关制度扣分外，对连续 3 个月不能正确履行工作职责的，在编人员扣除全部奖励性绩效工资，购买服务人员退回服务公司。

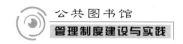

借阅部（少儿部）管理制度

为加强服务窗口管理，提高工作人员积极性和主动性，不断提升服务水平，结合本部室实际，特制定本制度。

（一）工作人员需持证上岗，按时上下班，按时开关借阅室、阅览室、办证处、自助图书馆以及分馆，帮助读者借还图书，为有需要的读者办理读者证。

（二）做好新购图书、报刊的入库登记工作，当天图书、报刊当天上架；根据相关工作流程做好图书、报刊下架、出库登记工作，做到 Interlib 系统中图书、报刊在馆信息无误。

（三）需要修补的图书要妥善保管，严禁乱放，及时修补，本着"谁的图书谁负责修补"原则，修补完毕后及时上架。

（四）实行工作任务责任到人，分馆、自助图书馆、借还设备、书架安排专人负责，每天巡查、巡架、整架不得少于 4 次，确保图书摆放规范有序，自助借还设备正常运行。

（五）每个窗口必须有专门的台账，用于图书及其他固定资产的往来记录。台账记须需完整、字迹清楚、数据信息准确无误，定期要与采编部对账，确保图书账目相符。

（六）坚持"读者第一、服务至上"的宗旨，认真做好读者服务工作，回答读者提出的有关问题，协助读者查阅资料。

（七）每月不定期开展关于图书、期刊、文献资料和读者阅读需求的调查，征求读者意见，为新书采购提供依据。

（八）密切观察空调系统、灯光照明、门窗桌椅、存包柜等设备的情况，出现故障后及时向办公室通报处理。

（九）做好卫生工作，保持室内整洁空气流通，发现问题及时与部室主任或者保洁人员联系处理。

（十）做好借阅室、阅览室、办证处、自助图书馆以及分馆的安全工作，不得私搭乱接电源，确保巡查无死角，发现可疑人员或安全隐患及时向部室主任或值班领导报告。

专题馆管理制度

为进一步促进市图书馆专题馆规范化的管理，推动馆藏资源的保护和利用，不断提高服务水平，根据工作实际，制定本管理制度。

一、专题馆馆藏文献属于特藏文献，多为孤本或出版年限较长的珍贵图书资料，仅为专业人士提供馆内查阅，不予外借。查阅时，应当告知读者轻拿轻放，注意文献保护，造成损坏的，应当承担赔偿责任。

二、专题馆应注重相关文献资料的搜集整理，不断优化馆藏文献结构和藏量，重视馆藏文献的保护与利用。对疏于管理造成馆藏文献损坏或丢失的，相关责任人应承担责任。

三、专题馆工作人员应当熟悉掌握馆藏文献结构、种类和数量，为读者提供导读服务。

四、专题馆应当做好室内的保洁和通风，确保馆内藏书、设施设备及阅览桌椅摆放整齐有序。

五、专题馆实行预约服务，读者可提前电话预约，由专题馆合理安排时间提供服务。

六、专题馆负责人应当定期检查室内设施设备，注意消防安全，发现问题及时向办公室报告。

七、专题馆责任人调休或休假期间，应做好工作交接班，并向分管领导和办公室报备。

八、专题馆馆藏文献资料的调整应事前向分管领导和办公室报告，经批准后方可调整馆藏结构、布局和数量。

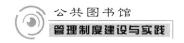

学术报告厅使用管理制度

为加强学术报告厅的使用和管理，确保报告厅使用规范化，制定本制度：

一、市图书馆学术报告厅由办公室统一管理，主要用于我馆各类公益活

动的开展，根据公益活动时间先后，提前安排场地。活动期间由使用部室负责全面管理及设备的开关。

二、外单位和机构使用报告厅，须提前1~2个工作日与馆办公室联系，填写"会场使用申请单"预定使用，明确使用时间和用途，注明参加领导名单、授课老师基本信息及参加人数，并将相关情况及时报告馆领导。

三、办公室需明确专人与活动主办单位进行联系，对活动流程提前做好沟通。

四、报告厅内禁止吸烟、用餐、饮酒等；使用方需爱护报告厅内各种公用设施，人为损坏公用设施设备的，要求责任单位及人员恢复原状或照价赔偿。

五、办公室安排专人定期对各类设备进行整理调试和维修。

六、报告厅日常消防安全由办公室统一负责。馆内举办重大活动期间，要在观光电梯、报告厅门口安排专人值守，保证通道通畅并加强安保人员不定时巡视，确保活动圆满安全顺利完成。

财务管理制度

一、科学合理编制市图书馆年度财务预算、决算，客观、全面、准确反映全年度财务收支情况。

二、按照规定办理相关政府采购手续，规范各类采购程序，由馆长办公会确定项目负责人，负责各专项的实施。

三、认真执行事业单位会计制度，记账、核账、报账做到手续完备、数

字准确、账目清楚、按期报账。

四、非税收入要开具非税收入票据，及时足额上缴国库。

五、收取的读者押金，须开具山东省非税收入通用票据，及时上缴市财政专户，严禁挪用、坐支。

六、收取丢书赔偿金以收入的形式上缴市级国库。七、按照相关财务规定严格控制库存现金额度。

八、采购物品严格按照规定的支付方式进行，原则通过财政授权支付或公务卡结算方式进行，严格控制现金支付。

九、因公借现金时，须经分管领导审批签字后方可借取，未经馆领导批准，不得办理现金借用手续。

十、因工作失误造成的损失由责任人承担赔偿责任。

十一、差旅费、会议费、接待费等费用的报销，按照市财政局、市文化和旅游局相关规定执行。

固定资产管理制度

临沂市图书馆馆藏图书资料、仪器设备、家具等是国有固定资产，是图书馆为公众提供公共文化服务的重要物质条件。根据《公共图书馆法》相关规定，结合单位实际，制定本管理制度，各部室遵照执行。

一、图书资料类

1.图书资料是指作为固定资产入账的图书、资料、合订本期刊、合订本报纸以及非印刷出版物（录音带、光盘等）。

2.所有馆藏图书资料，必须建立固定资产账和资金账。固定资产账包括采访验收登记账、总典藏目录和各部门分典藏目录。资金账包括资金流水账和年终决算。图书馆资金账必须与财务处资金账相符。

3.购置图书、资料统一由采编部负责，采编部应认真验收，核对票据所列图书资料的数量、金额与实物是否相符；订购期刊、报纸统一由期刊部负责，期刊部应认真查收、登录。

4.各书库、阅览室应对入库图书、资料进行登记；各期刊阅览室、电子阅览室应对分发的报刊、光盘等进行登记。对馆藏图书、资料类固定资产，各部室应落实责任，妥善管理。对因失职而造成的丢失、损坏要追究责任。

5.各部室要定期清点馆藏图书资料，做到账实相符。

6.凡陈旧过时、复本过多、破损缺页而又无保存价值的图书资料，需进行剔除的，根据馆内相关管理制度执行。

二、设备、家具类

1.固定资产物资指单价1000元（含1000元）以上，使用年限在一年以上，能独立使用的仪器设备及所有家具。

2.各部室根据工作情况，若需要添置仪器设备等，须经馆长审核同意后，交相关部室办理。

3.购置的固定资产物资（仪器、设备、家具），应到办公室办理固定资产入库手续，由办公室入账后，方可办理领用手续。

4.各部室领用固定资产物资（仪器、设备、家具），应经部室主任同意，指定专人办理签收手续。做到手续清楚，记录健全，并做好保管和养护。人员变动时，应办理移交手续。

5.各部室领用的仪器、设备、家具，如发生非正常损坏或保管不善而丢失，应按规定赔偿。

6.凡处理、报损、报废固定资产物资，每年各部室自查清点一次，由办公室负责抽查、盘点。全馆性物资清点工作，按布置要求进行。

图书流通管理制度

为了更好地实现图书资源的合理流转，保护文献资料的完整性，督促广大读者按规定借还图书，制定本制度。

一、读者在办读者卡时须认真阅读、填写《临沂市图书馆读者卡申请登记表》并签订《读者服务协议》。《读者服务协议》是一种民事约定关系，当图书逾期未归还、图书损坏、图书丢失时即构成违约，需要承担违约责任。

二、每位读者凭有效证件可申请一张读者卡或通过支付宝注册一张电子卡，系统自动授予每卡 200 借阅积分，读者借阅时须出示读者卡并配合验证。

三、妥善保管读者卡，如果不慎遗失，应及时到办证处挂失，读者卡在挂失前所造成的一切后果均由遗失者自负。退卡时持读者卡、本人身份证和押金收据到办证处办理退还押金手续，不收取费用。如需代退，需出示双方身份证原件及复印件、读者卡、押金单据。

四、图书逾期未归还的，每册每天扣取 1 借阅积分，积分为 0 时，读者卡借阅功能将锁定 60 天。图丢失应照价赔偿并扣除 30 借阅积分。

五、借阅时请仔细检查所借书刊，如有破损、缺页等可向工作人员说明，并作相关处理；请爱护阅览室中的文献资料和所借书刊及内附盘，请勿撕页、污损、勾画、书写、调换。图书损坏或丢失的依照相关规定进行赔偿。

六、以上情况产生的违约金以收入的形式上缴市级国库。

图书损坏（丢失）赔偿制度

馆藏图书是国家财产，其所有权归图书馆并受法律保护。爱护图书是每位公民应尽的责任和义务。图书馆提倡爱护图书，读者损坏或遗失图书须承担相应赔偿责任，读者在借书时要先查看所借图书，如发现有污损或缺页，要及时向图书管理员出示，由管理员在污损、缺页处加盖印记，以分清责任；如书内盖有"本书附盘"印章时，请注意检查所附光盘。

一、读者损坏图书，根据图书破损程度承担赔偿责任，具体如下：

（一）普通图书出借后出现轻微污损、涂改、撕扯磁纸、尚不影响图书正常流通的，责任人将视图书损坏程度给予适当的赔偿。赔偿费用主要用于损坏图书的修复。

（二）图书出借后出现丢失、严重污损、涂改、撕扯等导致图书无法继续流通的，责任者须按照原书价赔偿。

二、盗窃图书经发现追回的，予以批评教育或永久注销当事人的借书权限；盗窃图书馆公共财物的，将视情节轻重，赔偿并追究其法律责任。有下列情况之一者，原则上也作窃书论处：（1）盗用他人借书卡借书，将图书据为己有；（2）以丢书名义占有馆内图书；（3）"调包"还书，以废充好，以及诸如此类的作弊行为。

三、读者自助借书时，请认真核对所借图书的册数及书名，如借书完成后出现图书误借、错借等情况，请及时与工作人员联系解决。

信息稿件管理制度

为加强市图书馆信息稿件的规范化管理，建立规范的信息稿件撰写、审核机制，依据国家相关规定，结合工作实际，特制定本管理制度。

一、市图书馆实行信息稿件审核制度，坚持"发稿必审、分级审核"的原则，馆内所有活动（含党建活动）信息稿件未经审核、一律不得发布。

二、信息稿件字数控制在300字左右，原则上不超过500字，特殊约稿除外。

三、信息稿件由举办活动的部室负责供稿，部室分管领导为审稿第一责任人。

四、撰写信息稿件要从内容和表达形式等方面把好政治关，正确使用标点符号和汉字，杜绝语句不通、条理不清、重复啰唆、张冠李戴等现象。

五、稿件提报需遵循时效性原则。原则上应于活动当天下班前1小时成稿，并由供稿人所在部室分管领导负责初审，审核无误后签字报送办公室。

办公室对稿件进行全面审核，审核修订后的稿件报分管领导核定签字后发布。

六、违反本规定，发布信息稿件存在错误的，对相关责任人分别给予相应的处理。

安全保卫制度

为加强本馆安全保卫工作，维护市图书馆的工作秩序，确保他人人身及公共财产的安全，根据上级有关文件精神，结合本馆的实际工作，特制定安全保卫制度。

一、市图书馆的安全保卫实行"谁主管，谁负责"的原则。一把手负总责，带班领导、值班主任负责日常监督检查，抓各项制度的落实。各部室责任区负责人是本部室责任区安全工作的第一责任人。

二、本馆职工网格责任区责任人是该责任区第一责任人。

三、分管领导应以多种形式经常对所属部室人员进行遵纪守法的安全教育，增强工作人员的安全意识，使每个职工都能做到知法、懂法、守法。树立敢于同违法犯罪行为做斗争的精神，自觉维护好本馆正常的工作秩序。

四、各部室相关责任人要做好辖区内的安全工作，维护好责任区内工作秩序。对违反工作秩序行为，要及时制止。

五、办公室要认真落实上级消防安全各项规定，健全完善内部及要害部位安全保卫制度，把职责落实到部室，明确到人。

六、馆内禁止吸烟，杜绝使用明火，不准在走廊、洗手间、厕所焚烧纸张杂物。

七、馆内的走廊、门厅严禁停放自行车、摩托车。本馆职工的自行车、摩托车按规定在物业指定地点停放。

八、办公室、书库、仓库禁止存放个人物品，特别是贵重物品，若丢失，责任自负。严禁在馆内书库、仓库等场所存放易燃易爆物品及各种危险品，

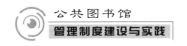

一经发现将严肃追责。

九、下班前，各部室要检查所有门窗是否锁好，并认真检查用电设备，切断电源，确保安全。

十、闭馆后，任何人不得在馆内逗留。严禁在馆内进行各种娱乐和赌博活动，如发现赌博，没收赌具，将视其情节按馆有关规定处理。

十一、各部室和书库的钥匙不得随意配制或供给非本部室人员使用，丢失钥匙要立即报告馆办公室。

十二、如遇到紧急情况，听到报警声，各部室人员可按标识的疏散通道，迅速撤离。

十三、节假日期间，由有关领导带班，保卫人员专人值班，负责全馆的安全保卫工作。

保安人员管理制度

为加强保安队伍日常管理，规范保安人员行为举止，树立保安人员责任意识，确保安全保卫任务圆满完成，根据保安服务要求，结合图书馆工作实际，特制定本管理制度。

一、保安人员工作守则

（一）遵守国家政策法令、法规，遵守图书馆的各项规章制度，维护正常的工作、学习秩序。

（二）忠于职守、履行职责、服从管理、听从指挥、团结合作、互帮互助，按时按质地完成各项工作任务。

（三）爱护公物及公用设施，自觉维护和保持环境卫生。

（四）勤俭办事，节约用水、用电，杜绝一切浪费现象。

（五）着装仪容整洁、精神饱满、待人热情、文明执勤、耐心周到。

（六）遵守安全规定和各项操作规程，严禁乱接电线、擅自使用大功率电器，一经发现将严肃追究相关负责人的责任。

二、保安人员岗位执勤规定

（一）恪尽职守、坚守岗位。在执勤中，不准闲聊、打闹、干私活、看书报；不准抽烟、酗酒、打瞌睡；不准迟到、早退、擅离职守、串岗。

（二）仪表端正、文明执勤。严格按规定着装上岗，并做到着装整洁、仪表端正大方、用语文明、服务热情周到。

（三）遵守法纪、不图私利。保安员工作期间，要认真遵守国家的法律、法规和图书馆的各项规章制度。

（四）认真执勤、确保安全。保安员在执勤工作中，要认真仔细观察，不放过任何疑点，确保图书馆范围内的安全。

（五）严格落实巡检频率和交接班制度。巡检频率不得少于每小时1次；在工作中发现问题，及时报告、登记，积极做好安全防范工作。

（六）在执勤中发现问题，应按要求及时报告图书馆当日值班领导、值班主任并做好登记，不得擅自处理，更不得与当事人发生争执、口角甚至打斗。

（七）值班时要注意自身形象，不准酒后上勤；非特殊情况，不得群聚。

（八）保安员在当值期间不得会客，如有特殊情况应报告图书馆当日值班领导、值班主任，经核准后方可会客。会客时间不得超过15分钟。

三、交接班管理规定

为认真做好岗位的工作交接与公物交接，减少因交接不清引起的工作失误及公物损失，特制定本规定。

（一）本班与下一班交接时，要将本班工作情况详细交代给下一班，以便下一班开展工作。

（二）交班人员将公物转交下一班，并在工作记录栏目里写明下一班接岗人的姓名。

（三）发现问题，交接双方须当面说明。如果交班人离开后，接班人才发现属于上一班问题的，应立即报告当日带班领导或值班主任处理。

（四）交接班须正点、守时，非特殊情况，不得超时接班。

（五）接班人未到，交班人不得离岗，否则由此产生的一切果由交班人负责。

内部会议制度

一、会议分类

会议包括全馆职工会议、馆党支部（扩大）会议、馆长办公会议、工作推进会议、年终总结大会以及各类业务性会议。

（一）全馆职工会议，根据市委、市政府、市文化和旅游局部署要求，由馆长召集召开，办公室负责筹备，全馆干部职工参加。

（二）馆党支部会议由馆党支部书记、支部成员组成，会议由党支部书记主持，列席人员由主持人决定。

（三）馆长办公会议由馆长和馆领导班子参加，根据会议内容可吸收有关部室负责人和有关人员列席，会议由馆长或馆长委托的副馆长主持。会议原则上每月召开一次，必要时也可随时召开。

（四）工作推进会议，由分管领导及部室负责人参加，会议一般单周召开一次或根据需要召开，馆长主持或委托副馆长主持。

（五）年终总结大会，由馆长、馆领导班子及全体干部职工参加，会议在当年年底或次年年初召开，由馆长或馆长委托的副馆长主持。

（六）业务性（专题）会议，由业务科室召集，分管领导或科室负责人主持，相关同志参加。

二、会议准备

（一）全馆职工会议由办公室牵头负责会场确定、会务、材料、宣传报道等工作，相关部室做好配合。

（二）党支部会议由党支部委员会负责会议的准备、组织、记录，议题由党支部书记确定。馆长办公会议议题由馆长审定，部室拟提交馆长办公会议研究的议题应先向分管领导汇报，分管领导能够决定的事项不再提交会议研究；确需提交馆长办公会研究的事项，应形成馆长办公会议议题材料。各议题汇报时间不超过 10 分钟。办公室负责会议的议题搜集、组织、记录。

（三）业务性（专题）会议由主办部室负责会议的组织和筹备工作，相关部室做好配合。

三、会议召开

（一）压缩会议。能用文件、网站发布或电话联系解决的问题，不召开会议。内容相近、时间靠近的会议合并召开。贯彻上级会议精神，从实际出发，讲求实效，不层层开会。每年全体职工会议控制在 2 次以内，严格控制会议次数。

（二）严格审批。（1）会议提出。根据业务工作需要或上级部署安排，有关部室及时提报会议计划，办公室汇总后提交馆长办公会审批。（2）会议安排。会前将会议名称、时间、地点、会期、人数、所需经费及其来源等报送办公室，由办公室统筹安排会务事宜。坚持节俭办会，召开的会议一律在单位会议室召开。

（三）转变会风。开短会，讲短话。领导讲话控制在 10 分钟之内，汇报发言控制在 5 分钟之内。

档案管理制度

图书馆档案是图书馆工作的一个重要组成部分，是保存图书馆各项工作和活动原始记录的载体。随着图书馆的发展而发展，客观真实地记录着图书馆各个历史时期的发展轨迹，对图书馆管理工作有较大的参考和利用价值。

根据《档案法》和国家有关档案文件规定，结合本馆的实际情况，特制定本制度。

一、档案管理资料职责

图书馆档案资料建设和管理工作在馆长领导下，由各部室具体落实、分级分工建设和管理；部室负责人是部门档案资料建设和管理的第一责任人。

各部室根据部门工作职责、计划与任务，按年度分别收集、整理、归档、保管部室档案资料。图书馆办公室根据工作职责，负责全馆行政与综合业务工作档案资料建设和管理；党务人员负责党建类档案材料的搜集整理。其他各部室按职能，负责本部室业务工作档案资料建设和管理。

二、档案资料收集

档案收集是档案工作的基础；档案材料的收集，要做到及时、准确、完整，做好各类档案信息的收集、整理、存储工作，确保档案材料的真实性和完整性。图书馆各部室应注意对各项工作计划、工作方案、工作数量、工作过程、工作效果的统计和积累，按照图书馆与部门职能相关规定做好档案收集工作。

1. 档案资料收集基本要求

根据图书馆专业性、服务性与学术性特点，要不断拓宽档案信息收集范围，适时、准确、全面、系统地做好各类档案信息的收集、整理、存储工作。根据图书馆的实际情况，按部室、内容等性质与形式上的异同，各部室要把档案资料分成若干类别；档案收集只有通过科学分类收集，才能揭示出它们之间的联系和规律，有条理地反映立档单位、部室的历史工作活动全貌，并便于系统地查找利用。

2. 档案资料收集分类

（1）党政群类档案，主要包括：党政工上级文件、本馆行政文件、党工活动资料、规划计划、工作总结、上报文件、规章制度、会议记录、值班记录等。

（2）业务类档案，主要包括：各业务部室的统计报表、工作日志、各类业务活动等，如图书馆项目痕迹资料、财务会计情况、文献典藏档案、阅览资料、文献检索资料、课题资料、会议记录（要）、业务合同（协议）与招标资料、技术资料、文印资料、业务活动各类清单、各类登记簿账、捐赠收藏资料、光盘、胶片、音像、工作计划与总结等。

（3）人事类档案，包括图书馆职工档案，如：职工基本情况、工作经历；组织机构及人员配备情况，如部门人员名单、岗位聘任合同、人员调进调出情况；以及职工晋升、考勤考核、培训进修、工资津贴、奖励资料等。

（4）后勤管理类档案，包括图书馆后勤管理、图书馆建筑、仪器设备资产、后勤维护保障资料等。

（5）综合类档案，如文化活动资料、对外交流资料、图书馆年报、外来参观资料、资源选介资料、书签、宣传品等。

同时，档案资料的收集，包括图书馆、各部室工作活动中形成的各种门类和载体的档案，即不仅包括纸质档案资料收集，也包括①活动录音、录像、照片、视频等各种特殊载体的档案；②具有保存价值的档案，以及与档案有关的资料；③电子文档资料等；

三、档案资料管理

1.各部室档案要指定专人负责保管，明确职责，并指定专柜保存；各部室要将有责任心、细致耐心、业务能力强的馆员分工负责档案资料管理。

2.按年度，各部室分级负责的档案资料，要分类收集、整理、装订、编码、统计、保管与利用工作；若装订、装盒档案资料，一律要有专题档案目录与封面；档案资料要按专题装入档案盒，打印分类标志，并要注明文件类别和编号等。

3.归档的档案资料要完整、准确、真实地反映图书馆各部室履行岗位职责、完成管理工作和业务工作活动情况。各业务部门要建立起自己独特的业务档案体系，并随时配合馆里的各项活动，及时提交阶段性档案资料与服务工作。

4.各部门档案资料要妥善保存，并要防止丢失、错乱和损毁；部门档案资料不经部门负责人同意，不得随意外借或复制。

5.各部室要重视业务活动电子档案资料的收集、整理、归类与保存工作；纸质档案、电子档案等都是部门负责人、馆员变动时，须交接并备具清单的档案。

突发事件应急预案

为确保本馆辖区内发生突发事件和异常时，能迅速、准确、果断进行处理，确保读者和职工的人身安全及公共财产不受损失或把损失降到最低限度，现制定以下突发事件处理预案。

一、盗窃、匪警应急处理程序

（一）保安在执勤中遇到（或接到）公开使用暴力或其他手段（如打、砸、抢、偷等）强行索取或毁坏图书馆和读者财物或者威胁读者人身安全的犯罪行为时，保安人员要切实履行职责，迅速制止犯罪。

（二）当发生突发案件时，要保持镇静，设法制服罪犯，同时立即通过通信工具呼叫救援，并通知监控室，锁定现场出口进行监控录像。

（三）所有持对讲机的保安人员在听到求援信号后，要立即赶到现场，视情况向有关领导汇报。

（四）犯罪分子逃跑，如一时追捕不上时，要看清人数、衣着、相貌、身体特征，所用交通工具及特征，重大案件要立即拨打"110"报警电话。

（五）对案发现场（包括偷盗、抢劫等）要保护好，任何人不得擅自移动任何物品，包括犯罪分子留下的一切手痕、脚印、烟头等，不得让外人进入现场，在公安机关人员未勘查完现场之前，不得离开。

（六）事故现场如有人受伤，要立即设法尽快送医院抢救并报告公安机关。

（七）记录受害人所提供的所有情况，记录被抢、盗物品及价值。

（八）做好现场记录，并写出书面报告，报上级主管部门。

二、对打架斗殴的处理

（一）在值勤中发现读者与读者或读者与职工之间有争吵、斗殴现象时，要立即制止。

（二）制止原则：劝阻双方住手、住口，将争吵或斗殴的双方中的一方劝离现场，如对方持有凶器的，原则先制止持凶器的一方，如有伤者则先送伤员去医院救治，并视情况程度，报告办公室或馆领导，请示处理办法。

三、发现酗酒者或精神病患者等处理

（一）酗酒者或精神病患者的人失去正常理智，处于不能自控的状态下，容易对自身或其他人员造成伤害，保安人员要及时对其采取控制和监督措施。

（二）及时通知酗酒者或精神病人的家属，让他们派人领回。

（三）若酗酒者或精神病人有危害本馆公共秩序和设施的行为，可拨打"110"或强行送至公安部门处理。

四、遇急症病人的处理

（一）本馆的任何职工发现急症病人在第一现场都有责任进行急救处理。

（二）对不明情况的病人不能随意挪动，在有可能的情况下，通知病人的家属或单位。

（三）如情况危急，迅速拨打"120"急救中心电话。

（四）立即通知有关部室及馆领导。

五、触电、供电线路故障处理程序

（一）接到报告或发现有人触电或供电线路出现故障，应马上通知专业电工赶到现场关闭电源。特殊情况下，配电室值班人员可直接从配电室停电。

（二）在未关闭电源之前切不可用人体接触触电的人，以防自己触电，同时应用绝缘物（木头、塑料等）把线头或人拉开。

（三）立即进行人工急救，同时拨打"120"电话。

（四）急救完毕后，安排人员协助有关部门查明原因，主管电工做好事故记录。

六、突发性水浸事故处理程序

（一）当发现水管、水阀、消防喷淋阀出现故障或爆裂时，管道维修人员要立即前往现场。

（二）到达后，立刻查找出水的来源，找到水阀的位置（各楼层厕所、洗手间分支水管出现故障，关闭所在的阀门即可，主水管出现故障，到一楼关闭总阀门。消防喷淋出现故障，关闭该层的阀门，阀门的位置有明确的标志）

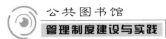

并立即关闭水阀，特殊情况下，可通知配电室断电停泵。下水道堵塞，应立即疏通。

（三）观察现场附近的电源、线路，如有浸水应立即切断电源开关，以防漏电伤人。

（四）通知或组织有关人员立即到现场进行处理。

（五）事后要安排人员查明原因及损失，并做好事故记录。

七、台风、暴雨预防措施

（一）本馆成立防台风、防汛领导小组，安排好值班及值班车辆。

（二）准备好紧急应用工具并确保性能良好。

（三）沟渠、排水管道要保持畅通，特别是平台下水道，责任落实到人。

（四）关闭所有门窗、电梯，并做好防水措施。

（五）如风暴持续昼夜不停时，值班人员要轮流值班，任何时候不得离开，随时等待命令和接听电话。

（六）参加抢险工作时，要注意人身安全，要采取适当的安全措施。

（七）值班人员要认真负责，巡查时要善于发现问题，及时做好现场督导工作，必须做到"三个关键"，即：在关键的时候，出现在关键的地方，解决关键的问题。同时要加强与各部室的联系和沟通，做好协调配合工作。

消防应急预案

一、消防安全制度

（一）认真贯彻执行《中华人民共和国消防法》，消防工作要以"预防为主，防消结合"的方针。本馆实行防火安全责任制。馆长是主要责任人，各部室负责人是本部室防火安全工作的第一责任人，办公室对全馆消防安全工作实施监督检查、管理。全馆的每个职工都有维护消防安全，保护消防设施，预防火灾，报告火警，参与有组织的灭火等义务。

（二）馆领导、办公室要经常对全馆职工采取多种形式的消防安全教育和普及消防安全的知识。认真培训义务防火人员，达到熟知消防规定，正确使用消防器材；熟知馆内报警地点，一旦发生火灾，能够自防自救，相互协作，共同灭火。

（三）建立健全逐级岗位防火责任制，防火责任人由馆长兼任，分管领导主管，实行馆长、物业管理办公室、各部室负责人三级防火责任制，把防火工作落实到实处，责任明确到人。

（四）全馆内外公共场所消防设施、器材、设备、标志由物业管理办公室统一负责管理，任何人不得损坏和擅自挪用、拆除、停用，不得堵塞消防安全通道。

（五）安装、维修其他电气设备，必须由专业电工操作，非专业人员严禁私自安装插座、改装线路，违者后果责任自负，并视情节的轻重给予处罚。

（六）加强火源、电源、气源的规范管理，严禁携带易燃、易爆物品出入本馆或存放。杜绝在馆内使用明火。

（七）针对本馆的具体情况和重大节假日及火灾多发季节，定期组织防火安全检查，做到无火灾隐患及火险。

（八）接受上级有关部门的消防安全检查、指导，对所指出的不安全问题进行彻底整改。

二、消防设施维护保养制度

（一）馆内的消防器材、设备，由物业管理办公室统一负责管理。每位职工都有责任爱护和保护它，任何人在无火灾的情况下，不得动用开关按钮，灭火器按指定位置存放，不得私自挪用，因特殊情况挪动位置后，应及时放回原处。

（二）灭火器必须摆放在干燥、易见、易拿而不易碰到的位置，并相对集中摆放。

（三）安全保卫人员及有关人员必须熟练掌握各种消防器材的使用操作要求，同时要学会保养和维护。

（四）定期检查消防器材是否完好，各种设备运行是否正常，对不符合要求的消防器材要及时更换或维修。

（五）对非火情、火灾而随意动用或无故损坏消防器材者，要严格按消防条例处理。

（六）遇紧急情况使用灭火器，灭火后必须将使用情况及原因用书面的形式报告给馆办公室，以存档备查。

三、火灾（震灾）疏散、抢救应急预案

根据公安部《机关、团体、企业、事业单位位消防管理规定》的要求，依据《消防法》和《61号令》规定，结合本单位的实际情况，为有效地在发生火灾时保障图书馆工作人员、读者的人身安全以及国家财产安全，把火灾的损失降到最低限度，确保救助工作的顺利进行，特制定本规定。

（一）组织领导

针对本单位密集场所人员多，发生火灾时容易造成人员伤亡的实际情况，为做好预防、发生火情能及时抢救公共财产、疏散人员，运用正确的措施和手段扑灭火灾，本馆设现场指挥组、灭火行动组、疏散引导组、通信联络组。

现场指挥组组长由馆长担任，副组长由领导班子其他成员担任。各部室负责人分别为领导小组成员。

现场指挥组，坚持以预防为主的原则，认真抓好消防各项制度的落实，平时要组织全馆职工对防火、灭火、消防器材的使用、发生火灾（震灾）时如何逃生等进行实际演练。一旦发生火灾（震灾），指挥领导小组成员要有效地组织好人员的疏散，抢救公共财产，做好灭火工作。

灭火行动组，利用馆内配置的消防器材及有关设施，在合理情况下全力扑救初期火灾，并抢救伤员及物品。

疏散引导组，引导有关人员迅速转移到安全地带，并负责重要物品的看守工作。

通信联络组，引导人员和设施撤离事故地，用紧急广播逐层通知楼层人员疏散，先通知起火层上一层，其次是起火层下一层，第三是起火层以上逐层通知，联系 120 抢救伤员。

各组要根据各自分管区域的实际情况，确定疏散和防范重点，落实责任，定岗定人，切实履行职责。各组在处置突发火灾时必须做到"三及时"，及时赶到现场、及时采取措施、及时汇报情况。同时要做到"三会"，会处理一般事情、会控制事态发展、会保护现场。比较重大的问题，要及时向指挥领导报告，领导接到报告后，要迅速赶到现场组织指挥。

（二）处置原则

根据发生火灾的大小情况，处置的原则不同。最主要的原则是"救人第一"，先疏散抢救被困人员和遇险、遇难人员，同时进行灭火，保护公共财产，消除危害。然后根据情况向"119"报告。

（三）疏散预案

1. 消防监控室报警后的行动

（1）消防监控室在确认火情后，立即电话通知有关部室和馆长。

（2）保卫人员和义务消防队迅速携带有关消防器材赶到现场，听从指挥员指挥，进行有序疏散和扑救工作。

（3）消防监控室接到疏散命令后，用紧急广播逐层通知楼层人员疏散，先通知起火层上面一层，其次是起火层下面一层，第三是起火层以上逐层通知，广播通知时千万不得将消防广播全部打开。

2. 发现火灾后的行动

（1）任何人在图书馆发现糊味、烟火、不正常热度等火情，都有责任及时报警。当发生火灾后，应就近报警或手动按钮玻璃报警，在扑救的同时，组织读者进行疏散。

（2）指挥领导要沉着冷静，根据本单位的疏散消防通道，机动灵活引导读者通过安全出口离开火灾危险区，如浓烟太大，要指导提醒读者做好防烟措施，如用手绢、毛巾湿水后捂住鼻嘴。

（3）对被火势围困不能疏散的人员、读者，值班人员必须坚守岗位，及时用电话或其他方式与被困人员取得联系，指导被困人员进行自救或待救。

(4) 已进入火灾现场的义务消防队疏散组成员，应在指挥领导的统一领导下，与火灾危险区的工作人员一同将危险区的人员疏散、引导到安全地区，并清点人数，以配合公安消防机关的调查工作。

(5) 火灾现场的工作人员，严禁临阵脱逃、丢下读者不管，对被火灾围困的人员，要想尽一切办法解救，确保读者的人身安全。

(6) 各楼层在实施疏散计划时，要将读者按一路纵队排列从各楼层安全出口疏散，绝不能等。

3. 灭火预案为预防火灾事故发生，或发生火灾后有效地控制火势扩大和蔓延，图书馆设灭火指挥部，总指挥由图书馆馆长担任，如果发生火灾，总指挥对火灾有直接指挥、下达命令、组织抢救的权力。

(1) 火情确认。消防监控室接到报警器报警或报警电话后，立即通知办公室和就近执勤保安迅速赶到现场，确认火灾是否存在，然后做好灭火准备，若确定着火，应先救人后灭火（小火时灭火和救人同时进行）。

(2) 火情通报。消防监控室立即通知有关人员，火情已确认，微型消防站工作人员应在5分钟内携带扑灭初期火的相关装备赶赴着火点，指挥领导小组要迅速到达现场组织指挥，可根据火情，决定是否向消防局"119"报警，切断电源，发布疏散命令。

(3) 报警电话"119"。报警时要讲清出事具体地点、燃烧何物、火势大小，报警人姓名、身份及所在单位和位置。然后到主要路口引导消防车辆。

(4) 启动消防设施消防监控室可根据火情大小启动自动消防系统，启动喷淋水泵和消防水泵、启动排烟风机、启动送烟风机。

(5) 火情经确认后，临沂市图书馆义务消防队要迅速赶到指定地点集合，火场指挥员向队员简单介绍火情，分配任务。队员携带手提式灭火器材，可根据火情大小使用消防楼梯赶赴现场。由3~4名队员协同，在着火的下一楼层启用消防水带，沿着楼梯至着火层，可根据现场，决定是否打开消防栓阀门实施灭火。

(6) 专业消防队到达现场后，现场指挥员要立即将指挥权交出，并主动介绍火灾情况，介绍本单位的建筑消防总体布局，根据要求协助做好疏散和扑救工作。疏散中不能停留、堵塞通道。

（7）保卫科负责维护好各大门前的秩序，控制进出大门，阻止外人进入图书馆，以防不测。根据情况疏导户外消防通道，引导消防车辆顺利到位，并介绍消防水源和消防系统分布情况，另外灭火后还要保护好现场。

（四）抢救预案

1.各组人员接到火警命令后要迅速到达现场，准备车辆、担架、医疗器材等必要物品，及时抢救伤员，并负责与医院取得联系。

2.根据本单位的具体情况，坚持"先重点后一般"的原则。古籍书库是市图书馆文献收藏精品，一旦着火，首先把文献放回文献柜中，确保各文献柜锁好，然后准备疏散。

3.各部室在接到火警通知后，要积极、有条不紊地整理账目、文件、资料，该上锁的锁好，将便于携带的重要文件、物品带走，迅速疏散撤离现场。

突发事件应急处置考核办法

为进一步提升市图书馆突发事件处置能力，保障和督促全体工作人员更好地履行安全维稳工作职责，结合我馆实际，特制定《临沂市图书馆突发事件应急处置考核办法》。

一、本《办法》中的突发事件是指消防事件、涉嫌暴恐事件、盗窃事件、踩踏事件等。

二、考核范围：临沂市图书馆全体工作人员。

三、工作要求

1.发生突发事件，现场责任人或监控室须第一时间向指挥中心报告，指挥中心立即启动指挥程序，向责任区责任人、办公室、安保人员发出指令，相关人员须3分钟内到达现场处置。

2、带班值班人员须在3分钟内赶到现场指挥处置。并对现场情况进行研判后及时向馆主要领导报告。馆领导接到报告后第一时间赶到现场，协调指挥。

3.对不可控的突发事件立即启动相应的应急预案，第一时间向上级相关部门汇报，根据情况向有关部门寻求支援，并组织工作人员引导疏散馆内读者。

4.应急结束后，做好善后处理与事后总结，查明原因，形成书面报告，上报市文化和旅游局。

四、奖惩办法

1.相关责任人因工作疏忽未及时发现突发事件的、未按照指令时间到达现场应急处置的、通信不畅或擅自离岗的，未造成后果的，扣2分，并扣发奖励绩效200元。

2.造成一定后果的，扣发后续的奖励绩效及年度一次性奖金，年度考核认定不合格。

3.情节严重的，报上级部门研究处理，涉嫌违法犯罪的，移交司法机关，依法追究刑事责任。

4.对应急处置中表现突出的个人和部室给予一定的奖励，奖励方式由馆长办公会讨论确定。表现特别突出的，申请上级表彰奖励。

临沂市图书馆考核制度

为进一步规范市图书馆内部管理，提高工作效率，保障各项工作正常开展，树立市图书馆的良好形象，根据《事业单位人事管理条例》的有关规定，结合本单位工作实际，特制定本制度。

一、考核范围

本制度适用临沂市图书馆全体工作人员（含在馆工作满一个月以上的其

他服务人员）。

二、考核方式

（一）实行工作日"两签加巡查"，即上午上班签到，下午下班签退，中间巡查，每月由馆办公室按时汇总考核情况。

（二）实行馆领导班子成员带班、部室主任轮流值班制度，值班期间带班馆领导和值班主任负责对市图书馆服务窗口以及消防、安全保卫、保洁等工作情况进行监督检查，确保各项工作顺畅有序。

三、考核时间

工作日上下班考核时间以市图书馆常规作息时间为准。国家法定节假日按照有关规定执行，其他需调整工作时间的按通知执行。值班主任交接班时间安排，每天上午8：40—9：00，按时办理值班人员交接手续。

四、考核要求

（一）职工应按时上下班，佩戴工牌上岗，及时开放门窗，开通电源、调试设备，做好开馆前的准备工作。

（二）每天相关部室负责人要对辖区内的服务窗口、场所设施设备等做好开馆前的准备工作，检查发现有影响对外开放情形的，要立即妥善处理，并将相关情况向分管领导汇报。

（三）服务窗口要明确责任分工，明晰各自的责任区，对书库里的图书上架、图书下架、图书排架、图书整架进行规范，要定期进行图书、设备规范化检查，不断提高窗口服务水平。

（四）各服务窗口要将服务窗口工作人员名单在公示板上对外公示，每个窗口设立对外举报电话，接受群众监督。

（五）办公室、保安、保洁按照馆里的要求，要做好开馆前水、电、空调的安全保障工作。

（六）职工有事要请假，要提前向部室负责人提出，经部室负责人同意后，报分管领导批准。事假、病假、年假等假超过规定期限的，要经馆长批准。

（七）因公出差或特殊情况不能按时考勤，事后（上班后第一时间）应及时说明情况补办请假手续的视为出勤，否则，视为旷工。工作时间因公外出，一般工作人员需向部室主任请假，部室主任需向分管领导请假，馆班子成员需向馆长请假，未经批准（填写请假条）擅自离岗的视为旷工。

（八）上班期间不得从事与工作无关的事项，严禁职工带孩子上班（休班期间可带孩子来馆），上班期间不得擅自离岗、串岗。

（九）采编部需对新购入图书制作新书推介，在一楼大屏幕或图书馆网站上发布。

（十）年度图书采购项目经费须在年度内完成支付并实现图书采编上架，如有特殊情况，须经馆长办公会同意后可适当延长时间，采购任务要责任到人，定期对完成情况进行绩效考核。考核结果与绩效工资挂钩。

（十一）各部室要加强责任区内设施设备的规范管理，对正常损坏的桌椅板凳，要及时报办公室安排修复，不能修复的要及时更换。桌椅板凳等设施设备摆放要整齐规范，特别是公益活动结束后，相关部室责任人要对桌椅板凳等设施设备恢复原状，摆放整齐到位，保洁人员也要及时配合打扫好场所卫生。

（十二）各部室开展的各类公共文化活动要提前备好相关材料，做好活动的时间、内容、场次的登记工作，并将当天的活动图片、文字材料及时报送外宣中心审查发布。

（十三）馆内实行网格化管理，明确责任人并公示。责任人每天巡视责任区不少于两次，确保内部设施设备正常运行，桌椅板凳摆放整齐。责任区出现突发事件，责任人与当日带班值班人员共同处理。

（十四）市图书馆实行24小时轮班安全值班制度，安全保卫人员必须按时上下班，及时交接班，按时开放或关闭安全通道、电梯等服务场所的门窗，确保市图书馆场馆安全。

（十五）带班领导、值班主任每天对馆内各部室各窗口履行责任情况进行巡查不少两次，并将巡查情况记录在案。

（十六）在职在编人员，及时如实填写履职考评系统，相关审阅人及时认真审阅。

（十七）规范作息时间、提高工作效率，原则上职工每周轮休两天，每月累计出勤考核最高限额为 24 天，超出部分不予计算。因特殊情况需要加班的，须事前申请，由馆长批准。市馆办公室安排夜间值班的人员另行计算出勤。

（十八）严格落实 8 小时工作制，中午原则上不得回家用餐，馆内自行解决，特殊情况向分管领导及办公室报备。

（十九）出勤员工须佩戴口罩，经过一楼安检测温入馆，为市民做好示范。安检处严格安检程序，市民佩戴口罩、出示健康码，测温后入馆。

五、请假和休假

（一）事假规定

1. 请假制度：馆领导班子成员请假 1 天或离开临沂城区，由馆长批准；各部室主任请假 1 天，由分管领导批准，请假 2 天，由馆长批准；在编工作人员（含其他工作人员）请假 1~2 天，须所在部室负责人同意，由分管领导批准，请假 3 天以上，由馆长批准。馆领导批准同意后将请假审批单交办公室登记留存。

2. 工作人员除国家已明确规定的各种公休节假日和假期外，如遇特殊情况本人需要请假的，可请事假。事假请假每次一般在 5 天以内，特殊情况不得超过 10 天，全年累计事假不得超过 20 天。

3. 因特殊情况没有事前审批的，回来上班第一时间要补办请假手续。无故不考勤、不请假或未按要求补办请假手续的，按旷工处理。

（二）病假规定

申请病假须附县级以上医疗单位诊断证明，按规定由馆长审批。准假期限已满后，要及时销假，如需续假须要向馆里提出申请，经批准后方可续假。病假时间累计超过考核年度 6 个月的工作人员，不参加年度考核，不晋升工资档次、级别、薪级。

（三）职工请假工资待遇

病假期间工资待遇根据市人力资源和社会保障局、市财政局《关于市直事业单位绩效工资实施工作有关问题的处理意见》（临人社发〔2014〕4号）文件精神，结合本单位实际，按以下规定执行：

1. 在职在编人员，凡年度内累计请假（含事假、病假）超过两个月的，扣发绩效工资；购买服务人员累计请假（含事假、病假）超过两个月的，按照与劳务公司的约定执行，原则上尊重劳务公司相关薪酬制度。

2. 请假期满回单位上班当月出满勤的，恢复绩效工资发放。

3. 年度内再度请假而不能出满勤的，继续扣发当月或下月绩效工资。

4. 职工患有重大疾病需要长期请假的，按照国家相关规定执行。

5. 对不能及时落实上述规定的，将扣发办公室相关考核人员绩效工资。

（四）其他假期规定

1. 婚假：按规定办理，不视为缺勤，工资福利待遇不变。

2. 产假：符合国家政策法律规定生育子女的夫妻，按照《山东省人口与计划生育条例》相关规定，享受产假及护理假，产假、护理假期间不视为缺勤，工资福利待遇不变。

3. 丧假：职工直系亲属或抚养人死亡，给予假期3天；在外地的，可根据实际情况给予路程假；不视为缺勤，工资福利待遇不变。

4. 探亲假：职工应该在休假期间探亲，如果休假期较短，可由单位适当安排，补足探亲假的天数；不能利用公休假日与家属团聚的（在家居住一夜和休息半个白天的），可以享受探亲假。探亲假期：（1）职工探望配偶的，每年给予一方探亲假一次，假期为30天；（2）未婚职工探望父母，原则上每年给假一次，假期为20天。如果因为工作需要，本单位当年不能给予假期，或者职工自愿两年探亲一次的，可以两年给假一次，假期为45天；（3）已婚职工探望父母的，每四年给假一次，假期为20天。上述假期均包括公休假日和法定节日在内。在填写请假审批单履行批准手续后，探亲假不视为缺勤。

5. 带薪年休假

(1) 职工累计工作已满 1 年不满 10 年的，年休假 5 天；已满 10 年不满 20 年的，年休假 10 天；已满 20 年的，年休假 15 天。年休假在 1 个年度内可以集中安排，也可以分段安排，一般不跨年度安排。职工年休假期间工资福利待遇不变。

(2) 职工有下列情形之一的，不享受当年的年休假：全年累计请事假超过 20 天且单位按照规定不扣工资的；累计工作满 1 年不满 10 年的职工，请病假累计 2 个月以上的；累计工作满 10 年不满 20 年的职工，请病假累计 3 个月以上的；累计工作满 20 年以上的职工，请病假累计 4 个月以上的。

(3) 职工预定休假计划与工作发生冲突的，须服从单位安排，事后安排调休。

六、奖惩办法

(一) 违反本制度第四条第一项、第二项规定，不能按时上班、下班，或未按照要求按时开门、开窗，开通电源、调试设备，做好开馆前的准备工作的，每次扣相关责任人和部室主任 0.5 分，扣绩效工资 50 元。

(二) 违反本制度第四条第三项规定，有下列情形之一的，根据情节轻重，对相关责任人分别给予 50 元 ~100 元、0.5 分 ~1 分的处罚。

1. 责任区域内架标模糊、丢失超过 5 个以上的；

2. 书标模糊、损坏或丢失超过 50 个的；

3. 未及时巡架、整架造成图书摆放杂乱超过 5 层架的；

4. 破损待修补的图书超过 100 本未送至修复中心的；

5. 未及时记录读者借阅需求，未定期开展读者意见调查的；

6. 自助借还机故障未及时排除的；

7. 服务态度不好与读者发生争执、冲突的。

(三) 违反本制度第四条第四项规定，服务窗口工作人员未在公示板上公示值班人员名单和监督电话的，每次扣相关责任人和部室主任 0.5 分，扣绩效工资 50 元。

（四）违反本制度第四条第五项规定，办公室、保安、保洁保障不力或被投诉情况属实，每次扣相关责任人和部室主任 0.5 分，扣绩效工资 50 元。

（五）违反本制度第四条第六、七项规定，职工有事未请假擅自离岗的视为旷工，每次扣相关责任人 1 分，扣绩效工资 100 元。

（六）违反本制度第四条第八项规定，上班期间从事与工作无关的事项，或擅自离岗、串岗、带孩子上班的，每次扣相关责任人及部室负责人 0.5 分，扣绩效工资 50 元。

（七）违反本制度第四条第九项规定，新书入馆后未发布新书推介的，每次扣采编部相关责任人及部室主任 0.5 分，扣绩效工资 50 元。

（八）违反本制度第四条第十项规定，未能在年度内完成图书采购项目经费支付或者未能完成本年度所购图书的采编上架工作的，经查实扣相关责任人 2 分，扣发本年度绩效工资。

（九）违反本制度第四条第十一项规定，服务窗口桌椅板凳正常使用损毁严重，相关责任人未及时报修或更换的，每次扣相关责任人和部室主任 0.5 分，扣绩效工资 50 元；开展公益活动的部室活动结束后，相关设施设备以及桌椅板凳未恢复原状的，每次扣相关责任人和部室主任 0.5 分，扣绩效工资 50 元；相关部室活动结束后，保洁人员未及时打扫卫生的，每次扣保洁责任人、保洁负责人绩效工资 50 元。

（十）违反本制度第四条第十二项规定，开展活动的部室未按时将相关活动信息报送外宣中心（活动结束 2 小时内），影响对外发布的，每次扣相关责任人和部室主任 0.5 分，扣绩效工资 50 元；外宣中心自收到相关活动信息应在四小时内审查并编辑完成对外发布，信息中心自收到相关信息后 4 小时内在网站或微信发布，未按时发布的，每次扣相关责任人和部室主任 0.5 分，扣绩效工资 50 元。

（十一）违反本制度第四条第十三项规定，下班前未进行安全检查，责任区内门窗、电源、空调等用电设备未关闭或未认真清场把读者关进库房或其他场所的，每次扣相关责任人和部室主任各 1 分，扣绩效工资 100 元，扣分管领导绩效工资 100 元，造成后果的要追究相关人员的责任。

（十二）违反本制度第四条第十四项规定，安全保卫人员上班期间擅自离岗、串岗或未按时开关电梯、安全通道等服务场所门窗导致闭馆后社会人员进出，每次扣责任带班领导和相关责任人 0.5 分、扣带班领导和相关责任人、保安人员各 100 元，保洁人员上班期间擅自离岗或巡查不及时造成责任区卫生 2 小时不能及时清理的，每次扣部室主任和相关责任人 0.5 分、扣保洁人员及保洁负责人 50 元。

值班考勤，当日值班人员晚 11：30~12：30 期间要在考勤机上签到，签到记录作为夜间加班出勤依据。未按时签到的，每次扣相关责任人 0.5 分、扣保安人员 50 元。

（十三）违反本制度第四条第十五项规定，带班、值班人员每天对市图书馆各区域各部室进行巡查少于两次的，每次扣值班人员 1 分、扣绩效工资 100 元，每次扣带班人员绩效工资 100 元。未填写《值班工作人员交接单》和《工作巡查记录》的，每次扣值班主任 0.5 分。

（十四）违反本制度第四条第十六项规定的，履职考评系统填报不及时、审阅不及时、工作信息漏填错填、弄虚作假的，以及上级检查出现扣分情况的，每次扣相关责任人 1 分。

（十五）（十四）违反本制度第四条第十三、十八、十九项规定的，每次扣 0.5 分并扣除工资 50 元。

（十六）违反本制度第五条第一、二、三项相关规定的，休假人员或因公外出人员期满后未按时返回的，按旷工处理，连续旷工不超过 15 天或一年内累计旷工不超过 30 天的，从旷工之日起，按工作天数扣发本人绩效工资。病假时间累计超过考核年度 6 个月的工作人员，不参加年度考核，不晋升工资档次、级别、薪级。

（十七）办公室每月对考勤进行汇总，下月 5 日前通报一次，汇总通报不及时的，扣部室主任和相关责任人每人 1 分。

（十八）市图书馆实行综合积分考核制度。综合考核成绩每半年由办公室汇总排名公示一次，年终汇总总排名，其综合排名成绩将作为工作人员年终评先树优、职称聘任、岗位调整的主要依据，并与年终一次性奖金（十三薪）和精神文明奖、绩效工资发放挂钩。购买服务人员的绩效考核排名将作为兑现浮动奖励绩效的主要依据。

基础业务考核办法

为推动市图书馆整体服务效能的提升，进一步提高业务工作标准化、规范化、制度化服务水平，在全馆营造科学管理、积极创新、创优争先的氛围，促进图书馆基础工作健康有序开展，结合本单位工作实际，制定本考核办法。

一、业务工作小组

设立业务工作小组负责市图书馆业务工作的规范、调整、考核。鼓励各部室、窗口、工作人员进行工作流程的创新，更好地提升服务效能。

二、书库规划与管理

（一）对图书实行日常盘点与年度集中盘点相结合，盘点数据与系统数据比对后，需进行剔旧或剔除的按程序办理。

（二）采编部负责市图书馆馆藏规划的起草和执行，拟定藏书场馆的布局方案，指导图书剔旧工作以及《市图书馆管理制度手册》规定的相关工作。

（三）借阅部（含少儿部）负责图书的日常借还和书库管理（含辅助书库），确保书库管理规范有序，藏书精确排列上架。负责图书剔旧及修复工作以及《市图书馆管理制度手册》规定的相关工作。

三、业务工作流程

（一）日常工作流程

1.外借部（含少儿部）负责馆藏图书的流通管理和状态的核对，确保系统记录数据与馆藏实物相对应。日常工作按照《市图书馆管理制度手册》相关流程履行职责。

2.馆藏图书如需进行数据调整或纠错的，依照《馆藏图书纠错实施办法》相关规定进行，书库和采编部做好对接工作。

3.当天归还图书当天完成上架，以随机抽查方式进行检查，借阅部书库每人不得超过10册图书、少儿书库每人不得超过20册。需要消毒的图书，定时消毒后方可上架。

4.采编部固定人员对接外借书库，处理外借书库相关馆藏问题。

5.新书入库时，协同采编部做好交接手续及图书编目信息的核对，并在2个工作日内完成上架及定位工作。

6.书库设置的新书推荐及热门书推荐，相关图书必须进行精准定位，方便读者检索借阅。

（二）系统管理工作流程

1.采编部负责业务系统权限的分配和调整，并做好相应工作日志。

（1）流通部门操作员权限为流通模块权限（不含批处理）和典藏模块的部分权限，具体包括流通管理、读者管理、借阅查询统计、财经查询统计、日志查询统计、馆藏报表、馆藏统计、日志查询统计等权限。

（2）读者服务台操作员权限为流通模块（不含批处理）的部分权限，具体包括流通管理、读者管理、借阅查询统计、财经查询统计、日志查询统计等权限。

（3）期刊部操作员的权限为期刊模块的全部权限。

2.信息中心负责服务器、自助借还设备等相关硬件的维护和维修，并做好相应工作日志。

3.需要厂家进行系统故障排除或软件调试的，由信息中心与厂家进行沟通协调，并做好远程协助登记。

4.采编部负责系统功能的调整。采编部综合工作需要及相关书库的意见，提出调整建议，由业务小组集体研究确定，报馆长批准后，由采编部负责落实。

（三）图书盘点工作流程

1.由业务工作领导小组确定盘点开始时间及工作周期，原则上在每年的年底进行。

2.业务研究辅导部分配各书库盘点时间和盘点顺序并组织人员进行盘点设备操作培训，进行流程监督。

3.各书库须在规定的时间内完成盘点，随后采编部对接责任人调取盘点数据，进行比对。

4.通过数据比对，对盘点未采集到图书，改为清点状态，交由责任人查找，2个工作日内完成确认。

5.通过责任人查找，最终确认清点图书数量，列为疑似丢失，图书状态由采编部改为"丢失"，计算丢失比例。

6.采编部形成图书盘点工作报告，经业务工作小组讨论后，提报馆长办公会审议。

（四）图书剔旧工作流程

外借部（含少儿部）按照《山东省图书馆馆藏文献剔旧办法》，结合本馆工作实际，定期剔旧图书，工作流程如下：

1.设立专门的图书剔旧工作审核小组，由岳梦宇、刘梅、程鹏飞、王东、孙宗伟组成。

2.书库责任人负责剔旧图书的初选，将初选的图书列出书目，填写文献信息馆藏地址变更登记表并报部室主任。

3.部室主任对剔旧图书初审后交由采编部对接书库责任人复审，并提报审核小组最终审核签字。采编部对接责任人根据终审意见在规定时限内完成图书馆藏地点和状态的变更，其中待修复的图书馆藏状态为"闲架"，其他均为"在馆"，变更完成后书库工作人员将图书转移至辅助书库，精确排列上架。

4.经过馆长办公会审核同意剔除的图书，相关业务窗口责任人负责具体剔除工作，并确认码洋打包后与随书清单一并移交馆办公室。

四、考核评价及成果运用

（一）分管领导负责组织月考核，以随机抽查的方式进行。

（二）年度盘点工作流程不规范或未在规定时间内完成工作的、图书借阅不进行系统登记等严重违反工作程序的责任人，每次扣 2 分并扣发一月绩效工资。

（三）办公室接收未经审核同意剔除的图书或未经批准出库图书，一次扣相关责任人 2 分并扣发一月奖励性绩效工资。

（四）市图书馆抽调领导班子成员，每人对接一个书库，负责书库的监督管理，并纳入书库的考核。

（五）对书库考核进行月排名，前三名的书库按名次分别给予奖励加分，第一名人均奖励 1 分，第二名人均奖励 0.8 分，第三名人均奖励 0.5 分，该得分由书库负责人负责分配。

（六）月考核图书管理正确率为 100% 的工作人员，给予加 2 分的奖励，发现错架、馆藏状态错误或层架信息错误的图书（含辅助书库），每一本，扣 0.1，以此类推，扣分上限为 3 分。

（七）年度内连续两个月扣分达到上限（3 分）的工作人员，扣发一月奖励性绩效工资；购买服务人员，由劳务公司扣发工资 200 元。

（八）书架责任人请假期间，其工作由所在部室分管负责人负责协调安排，原书架责任人加分或扣分由代理人员承继。

（九）书库每月提供有效读者问卷调查表不少于 200 份且按月提交借阅报告，未完成的扣 0.5 分。

（十）积极开展导读服务，因服务态度等原因被市民投诉属实的，每次扣 0.5 分。

（十一）业务培训活动全年不少于 12 次，每季度应不少于 3 次。不足 12 次的，每减少一次扣 0.5 分。

（十二）按月提报借阅统计分析报告，未提供或提供未被采用的扣 0.5 分。

（十三）借阅部待上架图书每人不多于 10 本，少儿部待上架图书每人不多于 20 本，每超一本扣责任人 0.1 分。带班领导及值班主任每月需组织一次对书库的随机检查，当月未例行检查的，扣带班值班人员 1 分。

（十四）信息中心负责的图书馆网站综合网页月点击量不低于 20000 次，每低 2000 次点击量，扣 0.1 分。微博、微信平台每月不低于 30 篇的信息发布量，综合阅读量不低于 50000 次，每低 5000 次阅读量，扣 0.1 分。

（十五）相关部室提报的数据信息须真实可靠，如弄虚作假，违反相关制度规定的，一经查实，扣除所在部室相关人员当月奖励性绩效工资。

（十六）经过年度盘点，借阅部书库图书丢失率超过 0.3%，扣责任人 3 分，少儿部图书丢失率超过 0.6% 的，扣责任人 3 分。

（十七）业务考核成绩与精神文明奖和绩效工资发放挂钩，作为工作人员评先树优、职称聘用、岗位调整的重要依据。

（十八）日常工作中弄虚作假的，一经查实，扣除责任人一月奖励性绩效工资。

基础业务考核流程及实施细则

为进一步提高文献信息管理水平，做到馆藏图书摆放整齐有序、数据系统状态正确，确保账实相符，方便市民查询与借阅。根据市图书馆《基础业务考核办法》的相关规定，结合工作实际，特制定本业务考核流程及细则。

一、各书库通过抽签方式确定考核顺序，依序互查，由市图书馆业务工作小组每月组织一次考核。

二、随机抽取数字号，与书库被考核人的责任书架排序相对应，考核人员以此确定考核书架，书架藏书不足 1000 册时，向前后书架延伸检查。辅助书库随机抽查 1000 册进行考核。

三、考核实行责任人回避制度。考核开始后，被考核部室相关人员应当回避，不得再进行图书调整，待考核结束后方可进入考核现场对问题图书进行核实并签字确认。

四、考核时，须两人一组，使用盘点设备相应功能扫描所考核书架的图书信息，检查人员正反扫描，以盘点设备计数为考核基数。扫描完毕后，考核人员对图书错误信息进行统计，主要包括：图书排序错误、图书状态错误、图书馆藏地点错误、图书层架信息错误。

五、班子成员和办公室考核人员负责监督并统计分数，根据工作需要，也可从馆党员干部中抽调人员参与计分。

六、考核标准

1. 排架准确率

图书排架实行按索书号排序，精确到种次号，辅助符号不做要求。每错一本记 1 处错误。因编目问题造成排架不准确的，书库不扣分。

检查中每发现一种编目错误的图书，扣采编部相关责任人综合考核 0.1 分，编目错误追溯时间上限为 2018 年 1 月。

2. 馆藏状态和层架信息

外借书库在架图书显示非在馆状态的，每有一本记一处错误；辅助书库闭架图书，应为闭架状态，馆藏状态显示在馆以及其他状态的，每一本记一处错误；馆藏地点不正确的，每一本记一处错误；图书无层架信息或层架信息不准确的，每一本记一处错误。

3. 计分

考核成绩＝抽查图书正确数量／抽查图书总数 ×100。

按照考核得分，根据《市图书馆基础业务考核办法》进行排名并赋分。

七、免责说明考核中，凡是考核办法及考核细则未提及的问题均不记录错误分值。经研究后，新发现问题如需纳入考核的在下次考核前公示并纳入次月考核内容。

采编业务考核办法

一、采访工作规范

（一）采访人员工作职责

1. 全面掌握图书馆各类型、各语种、各载体文献信息资源现状，按最大限度满足不同读者各类阅读需求的原则开展文献信息资源需求调研，科学合

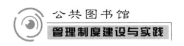

理地进行文献配置，拟定文献采购计划。

2.调查分析要经常化、制度化。其他业务部室共同做好读者基本情况和需求调查工作，掌握各类文献的流通情况，了解国内出版发行动态，全面收集和掌握出版发行信息。

3.按图书馆的预算采购各类型、各语种、各载体的文献信息资源，兼顾印刷型文献、电子文献和其他载体文献的采购，注意研究各载体文献之间的协调。

4.讲求资金的有效利用，讲求采访质量，综合读者的需求确定复本，外文印刷型文献和电子文献除必要外不重复订购。注重特色馆藏建设，建设具有地方特色的馆藏文献信息资源。

5.开展接受赠书的工作和国内馆际间的文献交换工作。

（二）采访工作原则

1.针对性原则：针对不同层次读者的借阅需求，结合本馆现有的藏书结构及时补充馆藏图书。

2.系统性原则：通过补充、组织馆藏图书，保障各类型图书种类的齐全及各类图书的普及性、延续性和完整性。

3.特色化原则：地方文献、特色馆藏及利用率高的著作要严格保证质量与数量。

4.经济性原则：严格执行预算计划，合理使用图书经费，以最小的投入获取最大的效用。对书商的选择要以到书速度，服务效能、书商信誉、书价折扣等作为评价标准。

（三）图书采访细则

1.图书作为馆藏的主体，注重藏书的门类结构、层次结构和文种及载体结构的合理组配。

2.注意各门类最前沿、最重要以及经典的著作及时入藏，丛书、多卷书及重要的工具书等一般不出现缺订漏订，各类入藏文献符合馆藏规划和年度采购计划的要求。

3.中文图书复本量应视实际需求而定,一般应为2~3册左右,特殊情况可考虑加大复本量;学术性著作及理工类等阅读群体较小的图书基本上为一书一册或根据读者预约采购。

4.采访人员综合考虑对接书库需求,按月制定中文图书采访计划,合理分配采购经费。按批次编制图书入库清单和经费使用统计。年底汇总全年采访清单并形成采访工作总结。

5.贵重图书的采访,要报主要领导审核决定。

6.特色馆藏的建设内容为适用于本地区的有关革命历史、物流、书法等专题的著作。

7.认真考虑特殊读者的阅读需要,适当订购视障读者盲文文献。

8.采访工作必须责任到人,须固定专人对接书库,责任人须及时查询未到的预订图书,视具体情况进行催缺、撤订或再购。

9.加强出版发行信息的跟踪与调查,掌握各种书市、书展的特点,及时做好图书的搜缺补遗工作,定期将征订书目送与读者,及时获取读者需求意见。

10.信息不全及没有报价的图书,必须通过网站或书商询价查清,否则不能征订。

11.每年年底,采访人员必须做好以下几方面的统计工作:

①预订图书的统计,按藏书建设规划中所列各类别分别进行统计,其内容包括种数、册数、金额。

②入藏图书的统计:包括年入藏量、种数、册数、使用金额等,该项统计以验收后已给馆藏流水号的文献作为我馆实际入藏量,为下一年度制定馆藏建设方案提供具体依据。

③定期做好预订未到书刊的统计,统计内容包括各类书刊总量及种数、册数、预订滞后时间等,并根据统计结果及时调整预定方案和经费的使用策略。

④填报年度财产统计表,按本馆财产统计的要求进行。

(四)电子文献采访细则

1.注意分析电子文献所收录的信息类型、范围及年代,注重考察电子文献的深度和广度。

2.电子文献的采集要与全馆其他类型的文献进行协调。注意电子文献与印刷型文献内容重复的问题，力争使各种类型文献在内容和功能上形成互补。

3.与数据商保持联系，积极争取数据库的试用。数据库订购协议保存一份，向馆办公室提交一份存档。

4.采集信誉好、权威性高出版商出版的电子文献，采集检索功能齐全、使用方便灵活的电子文献，注重售后各项支持服务。

5.对电子文献数据库的采购要以考察数据库质量和潜在用户为中心，优先考虑权威性、综合性，以引进全文数据库为主，并由馆长审定批准。

6.进行视听资料，其他载体文献的采购，验收等工作。

7.采访账目管理工作，业务统计工作。

8.电子文献原则上保持连续性订购。

（五）捐赠图书管理办法

1.本着符合本馆收藏要求的原则，社会捐赠图书由办公室安排专人办理相关手续查验接收。采访部相关人员对捐赠文献进行筛选、查重，符合标准的予以收藏，不符合要求的另做处理。

2.确定收藏的图书，采编部选定编目复本数量，相关责任人须在一周内完成编目，并移交相关书库上架。

3.相关部室积极与友邻图书馆进行业务交流，互相交换赠送文献，以达到资源共享、调剂余缺的目的。

4.接收的赠送文献，签订捐赠协议，捐赠图书可进行各种形式的图书交流活动。

二、图书采访工作流程

（一）借阅部和少儿部按月编制借阅报告，业务辅导部根据借阅报告及自身数据收集对馆内开展服务工作情况进行统计分析，形成分析报告。采编部根据分析报告和相关工作规范制定图书采访计划，所有报告和计划须提交业务会讨论通过后执行。

（二）采编部要广泛收集图书征订目录、及时全面了解图书出版信息，根据年度藏书规划，在广泛听取读者意见的基础上，参考借阅分析报告制定图书采访计划。提交馆长办公会集体研究讨论确定，由分管领导签字后执行。

（三）采编部下订单前，通过系统数据库中的书名、作者、ISBN号等字段进行查重。不同版次的同一种书按新书处理，查出的复本书视其使用情况确定是否增加复本。

（四）对未按期到馆的图书，责任人要定期进行催缺或改订，对于因其他原因需撤订的图书，及时从记录中删除。

（五）及时提供各时期、各文种图书订购的情况报表，为每年文献采访经费的预算提供参考依据。

三、图书编目工作流程

（一）采编部应根据馆内制定的编目规则，对编目人员进行统一培训，明确编目细则和工作规范。

（二）图书到馆后，工作人员应及时拆包查验图书，将不符合馆藏要求的超高、超宽、超薄（60页以下）以及金属封面、高价精装本等特异图书分拣退回，本工作应在图书到馆三日内完成，验收后的图书进入分类编目环节。

（三）编目人员应在10日内完成图书编目工作。采编部及时对编目数据进行审校，审校无误后，采编部将图书移交外借窗口，同时完成相应的出入库签字及图书状态调整。

（四）书库接收图书时，应仔细核对图书编目信息和入库清单，如有编目错误的图书及时反馈采编部责任人，调整数据。

（五）社会捐赠的图书，采编部挑选适合收藏的，选定编目复本数量，编目责任人在一周内完成编目，并移交书库上架。

四、考核办法

（一）采访部相关人员按月制定图书采访计划，并书面提报业务小组研究确定，未按时提报或未通过的扣0.5分。

（二）采编部与借阅部实行双向对接，采访责任落实到人，未责任落实到人的扣科室负责人 1 分。

（三）借阅部新增文献利用率年度不低于 75%，少儿部新增文献利用率年度不低于 85%，每年度考核一次，每降低 1 个百分点扣采编人员及书库责任人 0.5 分，分管负责人按平均值扣分，特藏文献除外，每批次扣分上限为 3 分。

（四）采访图书规格不符合收藏要求的，每种扣相关责任人 0.1 分，每批次扣分上限为 1 分。

（五）移交给外借书库的图书，发现状态为非"在馆"状态的，每种扣相关责任人 0.1 分，每批次扣分上限为 3 分。

（六）图书入库未办理交接手续或未有工作记录的，每次扣相关责任人 0.5 分。

（七）图书编目数据错误的，每发现一种扣责任人 0.1 分。

（八）社会捐赠图书没有工作日志或在规定时间内未完成分类编目移交书库的，每次扣责任人 0.5 分。

（九）分类编目完成后未进行编目数据审校或没有工作日志的，每批次扣责任人 0.5 分。

（十）违反其他采编业务规范的，每次扣相关责任人及分管领导 0.5 分。

（十一）年度图书采访经费在当年度内完成支付并实现图书采编上架，考核结果与绩效工资挂钩。

流动红旗评选办法

为进一步激发全体职工干事创业的工作激情，增强服务读者的事业心和责任感，提高服务质量和工作效能，推进党建和业务双向融合，根据局党组有关精神，在各部室开展流动红旗评选活动。

一、评选范围

办公室、采编部、信息中心、业务研究辅导部（尼山书院）、少儿部、外借部的中文社科图书借阅室、文学一图书借阅室、自然科学·文学二图书借阅室、报纸期刊阅览室、总服务台共计10个部室和窗口。

二、评选方式

评选按百分制打分进行，基础业务考核成绩占40%，出勤到岗情况占40%，党员（员工）奉献积分占10%，民主评议占10%。

1.基础业务考核成绩。直接从每月的基础业务考核中调取数据。第一名赋40分，以此为基数，其他部室按照本月（本部室平均业务考核得分/第一名部室平均业务考核得分）×40计算分值得分直接计入总分。

2.出勤到岗情况。每月一考核，满分40分，每个部室平均出勤率按照从高到低排序，第一名40分，以此为基数，其他部室按照（本月本部室人均出勤天数/第一名部室平均出勤天数）×40计算分值。得分直接计入总分。

3.党员（员工）奉献积分。根据参评部室窗口党员（员工）奉献积分得分情况，满分10分，第一名赋10分，每降低一名，减0.5分。得分直接计入总分。

4.民主评议。满分10分，每月4日之前召开民主评议会议，每个部室抽1人，组成民主评议组，对各部室进行民主评议打分。得分直接计入总分。

三、评选结果

1.10个部室窗口根据综合成绩排序选出前4名，授予流动红旗，流动红旗每月评选一次，于每月上旬评出上月结果并公示3天无异议后生效。

2.出现工作事故、违纪违法现象，取消该窗口本期流动红旗评选资格。

流通服务点管理办法

为了扩大和优化公共图书馆服务的有效覆盖范围、更好地满足广大市民阅读需求。根据《公共图书馆评估定级标准》和相关要求，结合工作实际，特制定临沂市图书馆图书流通服务点管理办法。

一、设立图书流通服务点条件

1.固定的馆址。

2.与其功能规模相适应馆舍面积、阅览座席。

3.与其功能、馆藏规模等相适应的工作人员。

4.稳定的运行经费来源。

5.安全保障设施、管理制度。二、流通服务点审核程序

1.借阅部负责办理合作开办流通服务点的事项；相关书库协助文献信息资源的配送，建立健全流通服务点全流程、整环节责任到人制度。

2.设立流通服务点设立条件的考察由借阅部负责，并将考察结果形成书面报告向班子会议汇报，经班子会议研究同意，由借阅部代表单位与合作方签订合作协议。

3.签订合作协议后，由借阅部负责制定图书配送方案（清单），经分管领导审核同意（签字），配送中心以集体借阅户方式到相关书库调取图书配送至流通服务点。

4.各书库入库、出库图书须按市图书馆相关制度履行相关手续、及时调整系统馆藏状态，建立台账。

5.图书更换周期按双方约定进行，原则上3个月借阅部配送中心须对各流通服务点巡查一次。因其他原因需要撤销流通服务点的，由借阅部提出意见、履行相关手续。负责收回图书返库。

6.服务点图书因其他原因损坏或丢失不能正常流通的，应查清书目及制作清单按照相关流程提报班子会议研究同意，按相关程序做剔旧或剔除处理。

7.借阅部负责建立服务点档案、实行一点一档，合作双方签订的协议、图书配送清单、每次更换图书清单及相关责任人签字等都要有翔实记载。按照档案管理规范进行建档入卷。

三、奖惩措施

借阅部（配送中心）及其相关工作人员有下列行为之一的，给予扣综合考核1分及100元绩效工资。

1. 责任到人制度未落实的。

2. 考察结果不实的。

3. 未经批准擅自启动服务点建设的。

4. 未以集体借户方式调取借阅图书的。

5. 未及时调整系统馆藏状态，建立台账的。

6. 不按时到流通服务点巡查的。

7. 撤销服务点未及时履行相关手续的。

8. 图书因其他原因丢失或损坏未提报的。

9. 未建立服务点档案或档案内容不完整的。

馆藏图书纠错实施办法

为不断推进市图书馆藏书体系科学化、合理化建设，践行我馆"精细化管理、精准化服务"的管理服务理念，提高馆藏图书的利用率和综合服务效能，现制定馆藏图书纠错工作实施办法，具体内容如下：

一、需要采编部纠错的图书

1. 编目错误图书

（1）同一索书号应用于两种或多种图书；

（2）同一种图书使用了不同的索书号；

（3）其他分类错误图书；

2. 经盘点书目数据和实际书标不一致的图书

3. 书标老化脱落的图书

二、需要其他业务部室纠错的图书

1. 盘点系统不识别的图书

各借阅室可自行转换电子标签，或者更新电子标签，重新盘点、上架。

2. 馆藏状态或者馆藏地点需要更改的图书

各借阅室根据现有工作制度按照相应工作流程，与采编部对接责任人共同修改馆藏状态和馆藏地点。

三、图书纠错工作流程

1.业务部室自行纠错的图书，按照《关于规范图书馆基础业务的实施办法》相应规定执行。

2.需要采编部纠错的图书，定期进行批处理。

（1）业务部室每周二将相应图书汇总后，由部室负责人和采编部书库对接人员共同查验无误后，填写《图书纠错登记表》一式两份并签字，交采编部负责人。

（2）采编部负责人审核无误后，签字确认。业务部室可将待纠错图书交由采编部对接人员进行处理。

（3）采编部对接人员图书纠错完成后，将图书和相应清单交接给书库，书库完成验收并上架。

盘点设备使用管理办法

为规范图书盘点设备的使用管理，在高效发挥盘点设备效能的同时确保设备的使用安全，参照外单位设备使用管理成熟的做法，特制定本管理办法。

一、书库对接负责人和部室主任负责盘点设备的日常管理。本着"谁使用

谁管理，谁损坏谁担责"的原则，厘清工作人员在盘点设备使用管理过程中相互之间的责任。

二、在领取图书盘点设备时，要认真查验该设备是否正常工作、经查验无误后方可办理签字领取手续。经查验发现该设备不能正常工作时，要及时向交接人或书库负责人汇报说明情况，查明原因、明确责任。

三、工作人员在使用时轻拿轻放、规范使用。因使用不当或过失造成盘点设备损坏的，应当承担一定的赔偿责任。

四、使用盘点设备过程中发现其故障的应及时向书库负责人汇报，由书库负责人组织相关人员查明原因，排除故障。

五、因疏于管理、不能确认损坏原因或责任人的，其责任应当由盘点设备所在书库对接负责人和部室主任承担。赔偿金可一次性支付，也可分期从工资中扣除。

六、具体赔偿标准由办公室、外借部、信息中心综合评议后提出赔偿意见，报馆长办公会研究确认后执行。

读者入馆须知

一、读者入馆应衣着整齐，举止文明，携带宠物者谢绝入馆（导盲犬除外），自觉接受安保人员的安全检查。

二、入馆请保持安静，禁止喧哗、大声朗读；将手机等通信设备置于静音状态；未经同意，不得在馆内举办集会、娱乐拍照等活动。

三、进入书库时请勿携带包裹、个人书刊资料、食物及饮用水入内，请将包裹及私人物品存放到书库外存包处，贵重物品请随身携带。

四、馆内严禁吸烟和使用明火，请勿携带易燃、易爆品入馆。

五、请在指定地点就餐、饮水，请勿携带食品、液体物品入借阅室。自觉维护环境卫生，不要随地吐痰、乱扔纸屑、果皮等杂物。

六、请爱护馆内资源及一切公共设施，严禁随意涂抹刻画或破坏设备，损坏须按规定赔偿。严禁张贴、散发广告及其他宣传品。

七、自觉维护馆内秩序，不抢占座位、存包柜等，不随意挪动阅览桌椅。

八、请自觉遵守本馆各项管理规定，听从工作人员管理。遇有紧急事件发生时，请读者依照工作人员的指引避难或疏散。

九、开放时间：9:00—17:00（逢周一闭馆，法定节假日另行通知，除此之外，全年开放）

精神文明奖分配方案

根据《事业单位人事管理条例》[国务院令（第652号）]和《关于规范市直机关事业单位精神文明奖发放办法的通知》（临人社发〔2017〕3号）的文件精神，为充分调动广大干部职工工作的积极性和主动性、切实发挥精神文明奖的激励导向作用，结合图书馆实际，制定本实施方案。

一、指导思想

为落实好市直机关事业单位精神文明奖分配政策，在市人社局、市财政局、市文明办核定的精神文明奖总量内，以责任为重点，以绩效考核为核心，充分发挥精神文明奖的激励作用，激励广大干部职工爱岗敬业，扎实工作，开拓进取，积极主动完成各项工作任务目标，努力推动市图书馆各项业务持续健康发展。

二、分配原则

1. 坚持"按劳分配、效率优先、兼顾公平"的原则。精神文明奖分配以个人年度工资标准和年度综合考核成绩作为主要依据，多劳多得，优绩优酬，适当拉开分配差距，向岗位责任重大、业绩突出的人员倾斜。

2. 坚持"公平、公正、公开"的原则。精神文明奖考核分配实施过程实行阳光操作，根据公示后无异议的综合考核成绩精确计算，切实做到公平、公正、公开。

3. 坚持"科学合理"原则。精神文明奖分配方案要统筹图书馆各类人员之间的工资标准，力求科学合理，逐步完善分配方案。

三、分配对象及分配方法

1. 分配对象

市图书馆全体在职在编人员。

2. 分配方法

（1）市图书馆与市文化和旅游局共创共建为省级文明单位。事业单位精神文明奖属于奖励性绩效工资，单位具有重新分配权。

（2）本方案中的精神文明奖以 18000 元为基数，乘以各岗位等级的系数，确定各岗位等级的预算标准。各岗位等级发放系数为：正高级（正处级）1.19，副高级（副处级）1.00，中级（正科级）0.83，副科 0.72，助级及以下 0.67。省级文明单位在上述基础上再乘以 1.25。【例：省级文明单位副高级预算数为：18000 元 *1*1.25=22500 元】

（3）按照《住房公积金管理条例》等有关规定，机关事业单位工作人员规范后的精神文明奖计入住房公积金缴存基数，公积金个人承担部分扣除后的精神文明奖金，根据本方案进行再分配。

（4）当年度个人执行的工资标准和综合考核成绩作为主要分配要素。依据当年度工资兑现情况，划分为三个分配区间，高级职称及县处级干部为一个区间，中级职称及科级干部为一个区间，初级职称（含工勤人员）为一个区间。

（5）同一区间人员的精神文明奖总和及综合考核成绩总和分别作为被除数和除数，得出相应区间分配基础值。基础值乘以工作人员的综合考核成绩得出的金额，即为其本年度精神文明奖发放数额。

绩效工资分配方案

根据《事业单位人事管理条例》[国务院令（第 652 号）] 和中共临沂市委组织部、市编办、市人社局、市财政局《关于 2019 年度市直机关事业单位绩效考核奖励的通知》（临人社字〔2020〕48 号）的文件精神，为充分调动广大干部职工工作的积极性和主动性、切实发挥绩效工资的激励导向作用，结合图书馆实际，制定本实施方案。

一、指导思想

为落实好事业单位绩效考核工资分配政策，在市委组织部、市编办、人社局、市财政局核定的绩效工资总量内，以责任为重点，以绩效考核为核心，充分发挥绩效的激励作用，激励广大干部职工爱岗敬业，扎实工作，开拓进取，积极主动完成各项工作任务目标，努力推动市图书馆各项业务持续健康发展。

二、分配原则

1. 坚持"按劳分配、效率优先、兼顾公平"的原则。绩效工资分配以年度综合考核成绩作为主要依据，多劳多得，优绩优酬，适当拉开分配差距，向责任重大岗位、业绩突出的人员倾斜。

2. 坚持"公平、公正、公开"的原则。绩效工资考核分配实施过程实行阳光操作，根据公示后无异议的综合考核成绩精确计算，切实做到公平、公正、公开。

3. 坚持"科学合理"原则。绩效工资分配方案统筹考虑，力求科学合理，逐步完善分配方案。

三、分配对象及分配方法

1. 分配对象

市图书馆全体在职在编人员。

2. 分配方法

(1) 以绩效工资人均预算2万元为例，总预算60万元，单位具有再分配权。

(2) 根据文件要求，原则上部门单位主要负责同志系数为1，其他人员最低系数不得小于0.6。为兼顾公平，市图书馆将预算数的0.4，即人均中的8000元进行再分配，分配依据为上年度综合考核成绩。

(3) 县处级领导干部及当年度外出挂职人员按照平均数发放，不参与再分配，发放金额为2万元。

(4) 参与分配人员26人，总预算52万元，40%进行再分配，再分配金额为20.8万元，将再分配金额及参与再分配人员的综合考核成绩总和分别作为被除数和除数，得出分配基础值。基础值乘以工作人员的综合考核成绩得出的金额，再加上原始数12000元，即为其本年度绩效发放数额。

参考文献

一、论文

[1] 柯平.“后评估时代”公共图书馆的战略重点与发展方向 [J]. 公共图书馆论坛，2019 (7)：1—12.

[2] 吴建中. 从藏用结合到以人为本——从价值观的变化看《公共图书馆宣言》对我国公共图书馆事业发展的影响 [J]. 公共图书馆建设，2019 (5)：4—7.

[3] 范并思. 构建中国公共图书馆核心价值体系之思考 [J]. 图书与情报，2015 (3)：50—55.

[4] 李超平. 为了更好地前行 [J]. 公共图书馆建设，2019 (1)：1—5.

[5] 徐雁. 数字化时代的“新读书主义”—— 导语 [J]. 公共图书馆杂志，2017 (3)：1—2.

[6] 邹金汇，柯平. 跨界创新 不忘初心—— 公共图书馆营销的未来 [J]. 图书与情报，2016 (5)：56—61.

[7] 张惠梅.“公共图书馆 +”公共图书馆创新发展的案例分析 [J]. 河南公共图书馆学刊，2018 (1)：25—27.

[8] 何盼盼，陈雅. 我国公共图书馆创新服务综述 [J]. 新世纪公共图书馆，2018 (8)：93—96.

[9] 肖容梅，等. 公共图书馆管理体制研究 [J]. 中国公共图书馆学报，2010 (3)：4—11.

[10] 吴晞. 任务、使命与方向：公共图书馆的阅读推广工作 [J]. 公共图书馆杂志，2014 (4)：18—22.

[11] 刘燕，洪敏. 宁波市公共图书馆阅读推广活动实践与思考 [J]. 公共

图书馆研究与工作，2017（7）：64—66.

[12] 陈春霞，王超．西藏民族大学公共图书馆阅读推广与创新探索 [J].
内蒙古科技与经济，2018（9）：91—94.

[13] 王昕．公共图书馆全民阅读推广若干问题的探讨 [J].阅读服务与推
广，2017（10）：48—52.

[14] 刘煦赞，肖宏飞．提升公共图书馆群众读者服务的实践思考 [J].福
建图书馆理论与实践，2017（4）.

[15] 杨扬．公共图书馆精细化管理研究初探 [J].图书情报，2019（11）.

[16] 周菁．论公共图书馆在推动全民阅读活动中的地位和作用——关于
公共图书馆阅读推广服务工作的思考 [J].艺术百家，2016（A1）.

[17] 郑琪．公共图书馆推广全民阅读之思考 [J].新世纪图书馆，2015（9）.

[18] 范并思．构建中国图书馆核心价值体系之思考 [J].图书馆学情报学，
2015（11）.

二、专著

[1] 徐雁．全民阅读推广手册 [M].深圳：海天出版社，2011：11.

[2] 阮光册，杨飞．公共图书馆管理与服务 [M].上海：上海科学技术文
献出版社，2015.

[3] 刘兹恒，徐建华，张久珍．现代公共图书馆管理 [M].北京：电子工
业出版社，2010.

[4] 吴慰慈，董焱．公共图书馆学概论 [M].北京：国家图书馆出版社，
2008.

[5] 赵炳武．公共图书馆实用知识手册 [M].济南：山东省地图出版社，
2008.

[6] 王会梅．公共图书馆管理与服务研究 [M].北京：现代出版社，2020.

[7] 邱冠华，陈萍．公共图书馆管理实务 [M].北京：北京师范大学出版

社，2016.

[8] 山东省文化创作奖评委会. 首届山东省文化创新奖项目集锦 [M]. 济南：齐鲁书社，2014.

[9] 李勇. 新时代公共图书馆的新使命与新挑战 [M]. 石家庄：河北人民出版社，2018.

[10] 李国新，于群. 公共图书馆业务培训指导纲要 [M]. 北京：北京师范大学出版社，2012.